桥梁全寿命与耐久性关键技术丛书

Guideline for Durability Design of Concrete
公路桥梁混凝土结构
Structures of Highway Bridges
耐久性设计指南

陈艾荣　等　编著

人民交通出版社

内 容 提 要

本指南将桥梁寿命周期设计理论和基于性能的设计方法作为混凝土桥梁耐久性设计的理论基础，重点突出桥梁混凝土耐久性能的设计方法和提升耐久性能的各项对策措施，提出了桥梁混凝土耐久性设计理论、方法及设计过程。

本指南可作为公路桥梁混凝土结构耐久性设计的指导手册，也可为管养部门对既有公路桥梁混凝土结构进行耐久性能评估提供借鉴参考。

图书在版编目(CIP)数据

公路桥梁混凝土结构耐久性设计指南/陈艾荣等编著.--北京：人民交通出版社，2012.8

ISBN 978-7-114-10020-8

I.①公… II.①陈… III.①公路桥—桥梁结构—混凝土结构—结构设计—指南 IV.①U448.142.5-62

中国版本图书馆CIP数据核字(2012)第195253号

桥梁全寿命与耐久性关键技术丛书

书　　名：**公路桥梁混凝土结构耐久性设计指南**

著 作 者：陈艾荣　等

责任编辑：张　斌　曲　乐

出版发行：人民交通出版社

地　　址：(100011)北京市朝阳区安定门外外馆斜街3号

网　　址：http://www.ccpress.com.cn

销售电话：(010)59757969，59757973

总 经 销：人民交通出版社发行部

经　　销：各地新华书店

印　　刷：北京市密东印刷有限公司

开　　本：787×1092　1/16

印　　张：8.75

字　　数：153千

版　　次：2012年8月　第1版

印　　次：2012年8月　第1次印刷

书　　号：ISBN 978-7-114-10020-8

定　　价：30.00元

前　　言

经过近几十年的快速发展，我国桥梁总数日益增大，其中混凝土桥梁占绝大多数(90%)。然而，由于在早期桥梁设计过程中耐久性的需求被普遍忽视，不少桥梁在远没有达到预期设计寿命时，就出现耐久性能严重退化的现象，极大地影响了桥梁正常服务功能的发挥，并且给养护、维修等后期运营管理工作带来难以承受的巨大经济和社会负担。桥梁的耐久性和安全性能不足，已引起社会各界的高度关注，进行桥梁结构耐久性设计是解决桥梁耐久性不足的根本途径，而耐久性的提高将是21世纪桥梁技术进步的重要标志之一。

20世纪50年代以来，世界各国已经开展了以耐久性为基本要求的混凝土结构材料、设计方法和修复技术的研究，形成了一些设计规范和指南性的研究成果。我国也已开展了大量的混凝土结构的耐久性及耐久性设计方面的研究，但仍停留在材料层面，缺乏系统全面的针对混凝土结构耐久性设计方法的研究。在土木工程领域，房屋建筑耐久性方面的研究明显较桥梁建筑多。而大量工程实践表明，桥梁的耐久性问题比建筑结构更突出，其造成的社会影响也更大，但至今仍没有专门针对混凝土桥梁的耐久性设计规范和指南。桥梁结构从运营环境、承受荷载及结构体系特性等方面都有其独特之处，房屋建筑耐久性的研究成果并不能直接用于桥梁工程中。

鉴于此，交通运输部组织开展了《桥梁耐久性关键技术研究》项目的研究工作。该项目涵盖了十个方面的内容：公路桥梁耐久性状况调查；混凝土桥梁耐久性设计方法和设计参数研究；桥梁结构表面防护耐久性材料的研究；跨江海大型桥梁结构混凝土劣化性能与耐久性对策措施的研究；公路常用桥梁合理耐用结构构造研究；长效可监测拉吊索体系及其更换技术研究；控制桥梁结构混凝土质量的耐久性指标体系、检测方法与评价标准的研究；混凝土桥梁主要耐久性指标监测方法与长期跟踪监测技术的研究；提升混凝土耐久性的施工改进技术与质量控制方法的研究；公路常用桥梁预防性养护技术的研究。

本课题的形成，主要基于《桥梁耐久性关键技术研究》项目中的一个课题——混凝土桥梁耐久性设计方法和设计参数研究，该课题的主要参与单位包括同济大学、贵州省交通规划勘察设计研究院、杭州湾大桥工程指挥部、上海同盛大桥建设有限公司、辽宁省交通勘测设计院以及柳州欧维姆机械股份有限公司，参与研究的主要人员包括陈艾荣、吴怀义、张宝胜、张雄、李国平、顾祥林等人。笔者带领该研究团队经过5年的研究，结合科技部“863”计划项目“基于全寿命周期的混凝土桥梁耐久性能设计方法与过程”研究成果，建立了基于性能的桥梁混凝土耐久性设计理论、方法及设计过程。本指南为两个科研项目研究成果的重要体现。从目前国际上看，混凝土结构/构筑物的耐久性问题已经引起了广泛重视，但国际上类似的基于性能设计方法的指南尚不多见。

基于性能的设计方法是未来新一代设计规范的发展方向，其和以往规范的显著区别是：性能设计方法是使性能指标满足结构个性设计要求，通过设计过程和要求的控制实现设计意图。目前，设计方法有利于实现不同服役环境下混凝土桥梁结构的特殊设计要求，并有利于最新的研究成果迅速应用到设计过程中。

性能设计是针对设计荷载和作用，开展性能指标确定、性能标准决策、性能水平验证等设计研究工作，以达到合理的设计目标。性能设计过程主要是针对单体结构研究指定性能标准的方法，实现对单体结构特殊设计要求的最优化。性能设计的发展也使得设计规范由以往的确定目标、明确验算方法的基本形式，向明确设计要求、控制设计结果的过程控制模式转移。目前，性能设计方法仍处于快速发展过程中，在桥梁抗震、抗风设计等方面发展较为迅速，但很少应用于耐久性设计。

本指南基于桥梁寿命周期设计理论，将性能设计思想引入耐久性能设计过程，从而使得桥梁寿命的周期性能得到系统提升。根据寿命周期设计的基本要求，本指南将涉及的范围也空前扩大，几乎囊括结构设计、材料选用、构造细节设计、施工管理等各个环节，图1为基于寿命周期设计理论的桥梁耐久性设计基本过程。

从寿命周期设计的基本要求看，需要对桥梁整个寿命过程的所有活动在设计阶段就制订总体规划。考虑到桥梁混凝土结构形式多样、使用要求和服役环境多变，同时设计、施工和管理技术在不断进步；在复杂多变的条件下，如果沿用现有规范的编写思路，尝试给出详细的条文和指标要求将是一项异常繁杂的工作，且需要大量、长时间积累的基础研究支持。从世界范围的桥梁工程实践水平看，这一条件尚不完备。

从相关领域的研究成果看，在技术水平高速发展的条件下，为了解决由于技术发展造成的标准滞后问题，目前国外倾向于建立基于流程和要求控制的规范格式，即规范中主要明确基本的要求和需要考虑的问题，而不涉及具体的技术细节问题，让工程师根据其掌握的技术进行自主的设计创新，满足规范要求的性能和

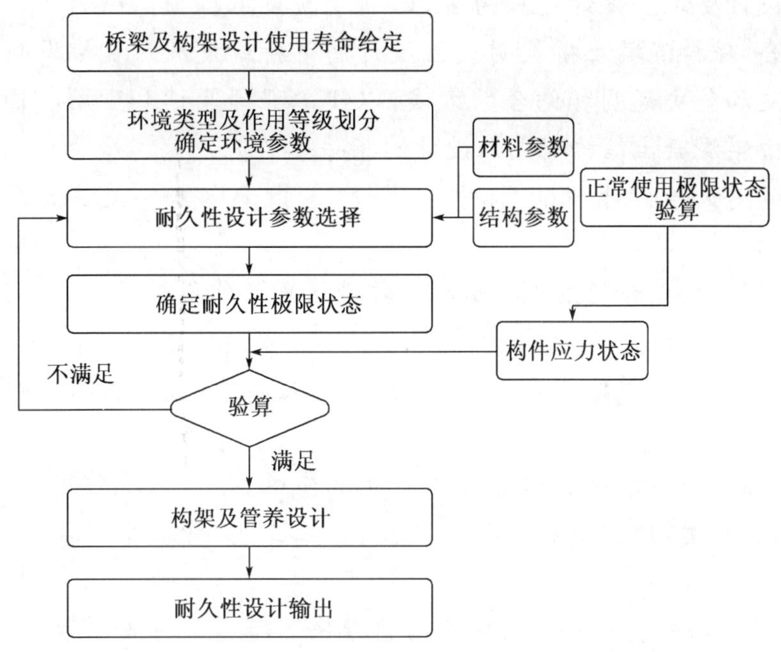

图 1 基于寿命周期设计理论的桥梁耐久性设计基本过程

工作内容。这样,一方面使得新技术、新材料和新工艺能够快速应用到工程实践中来;另一方面,对设计过程的高度概括和总结的规范也有助于工程师加深对规范条文的理解,有助于设计创新。

本指南将桥梁寿命周期设计理论和基于性能的设计方法作为混凝土桥梁耐久性设计的总体理论基础。指南总体定位于总结和介绍西部交通科技项目"混凝土桥梁耐久性设计方法和设计参数研究"的成果,重点突出桥梁混凝土耐久性能的设计方法和提升耐久性能的各项对策措施。

本指南共分 9 章,第 1 章为总则;第 2 章为术语与符号;第 3 章为桥梁和构件设计使用寿命的确定;第 4 章是公路桥梁混凝土结构耐久性能设计过程、要求及方法;第 5~8 章分别介绍了混凝土桥梁耐久性设计的各个主要环节的目的、内容和过程;第 9 章为本指南用词说明。附录 A 介绍了耐久性设计的数值计算方法;附录 B 介绍了采用混凝土桥梁结构耐久性分析系统进行结构耐久性能演变分析的过程;附录 C 根据本指南的成果给出了一个算例分析。

在目前架构的耐久性设计方法中,设计寿命给定为设计基础,环境区划、概念设计、耐久性极限状态设计为基本设计过程。

在条文选择、术语使用方面,本指南主要面向具备混凝土耐久性基本概念和有一定桥梁设计经验的工程师,对常规的概念和一般方法不再进行详细解释。在条文组织方面,全面采用了基于性能设计的基本格式要求组织指南条文,即条文编写以明确设计要求和设计过程为主，以利于新技术、新材料、新工艺、新方法与本指南的融合，保持混凝土桥梁耐久性设计的可持续发展。在编写体例方面，采用了指南正文和条文说明相结合的方法，以便工程师阅读和理解。因此，本指南可作为公路桥梁混凝土结构耐久性设计的指导手册。

与现行的耐久性设计规范、标准相比较，本指南中需要关注的新概念、新过程、新理念包括：

(1)基于图表相结合的方式提出环境作用区划及作用等级；

(2)明确提出环境因素影响下，将混凝土保护层对钢筋防护失效作为环境作用的耐久性极限状态，并给出不同环境条件下，常用桥梁和构件的耐久性能极限状态的表述及设计方法；

(3)以分项安全系数修正时变环境作用的影响，体现环境作用类别及作用等级、混凝土材料种类、结构或构件受力状态、施工工艺、管养水平等对构件服役性能的影响。

5 年来，在项海帆院士和范立础院士的指导下，笔者带领研究团队从国内外混凝土桥梁耐久性研究理论、方法的发展状况、桥梁结构耐久性病害、耐久性设计参数等多方面，开展了大量的研究与实践工作。本指南在总结这些研究工作的基础上，提出了基于性能的桥梁混凝土耐久性设计理论、方法及设计过程。参加本指南编撰的还有苏卿博士，以及博士研究生尹志逸、潘子超、冯师蓉、宋丽加等，借此机会，向他们表示衷心的感谢！

基于性能和寿命周期理论的桥梁混凝土耐久性设计是全新的研究课题，具有综合性强、涉及参数多的特点，对其研究将是一个不断完善的过程。本指南仅是在这个方面的初步探索，难免有偏颇和不足之处，望各位同仁不吝赐教！

编　者

2012 年 7 月

目　　录

1 总　　则

1.1 编写目的

为使公路桥梁混凝土结构在寿命期内满足耐久性能要求，优化寿命周期成本和效益，特编写此指南。

条文说明

目前，在国内外公路桥梁混凝土结构的耐久性设计规范方面，多是在桥梁结构设计规范中采用部分条文对其耐久性能提出了大致的要求，未体现系统的理论方法。

本指南在西部交通建设科技项目“混凝土桥梁耐久性设计方法和设计参数研究”的课题研究成果基础上，通过参考国内外规范和正在修订中的有关行业标准、规范编写而成。

1.2 适用范围

本指南主要供公路桥梁混凝土结构的耐久性能设计人员参考使用，也可为管养部门对既有公路桥梁混凝土结构进行耐久性能评估提供借鉴参考。

对于服役环境十分严酷、采用了特殊材料或特殊构造的桥梁结构，耐久性能设计应开展专题研究，在具体分析后确定，但也可参考本指南提供的设计过程和方法。

条文说明

本指南的编写主要基于公路桥梁的耐久性能研究成果，其应用亦主要面向新建公路桥梁混凝土结构，内容包括：公路混凝土桥梁和公路钢混桥梁中的混凝土构件；对既有公路桥梁混凝土结构，管养部门需定期评估桥梁在耐久性侵蚀作用影响下的服役性能，以制订最优管养对策，评估过程可参考本指南中的设计理论、方法和过程。

当公路桥梁处于耐久性环境侵蚀作用十分剧烈的地区时，如二氧化碳气体排放量极大的工厂周围区域、风沙磨蚀极为严重的沙漠地区等，混凝土结构的耐久性能设计需要针对周围环境作出专门调查研究，通过现场试验或其他有效手段获取符合实际情况的环境参数；对于采用了新材料的公路桥梁混凝土结构，如机制砂混凝土、钢纤维混凝土等，需要针对材料耐久性能开展研究，确定具体的材料参数；对于使用了新技术或特殊构造的公路桥梁混凝土结构，则需要借助数值模拟计算等辅助手段，研究耐久性侵蚀作用的作用机理和程度，确定需要进行耐久性设计的部位。在此基础上，对具备特殊性的公路桥梁混凝土结构，均可参考本指南提供的设计过程和方法进行耐久性能设计。

1.3 基本原则

本指南的编写采用了桥梁寿命周期设计理论，体现了基于性能的设计思想，使用了耐久性极限状态进行设计。

条文说明

桥梁寿命周期设计理论是近年来快速发展的结构设计理论，其主导思想是从结构整个寿命周期着眼，全面考虑设计要求，系统优化设计参数，从而实现在整个寿命周期内的最适宜设计。

基于性能的设计方法是未来新一代设计规范的发展方向，其与以往规范的显著区别在于：性能设计方法是使性能指标满足结构个性设计要求，通过设计过程和要求的控制实现设计意图。性能设计有利于实现不同服役环境下，混凝土桥梁的不同设计要求，并有利于先进设计理念的发挥及新技术、新工艺、新材料的应用。

耐久性极限状态是指结构或其构件由于耐久性损伤造成某项功能丧失而不能满足使用性能要求、安全性能要求或经济性能要求的临界状态。基于耐久性极限状态的设计目标明确，过程清晰，且易于实施，有利于在设计使用中进行推广。

1.4 与现有规范的关系

本指南中有关条文和规定的使用应以满足现行国家、行业和地方相关法律、法规、标准、规范和规程为前提。

条文说明

目前，我国已有部分针对结构耐久性设计的规范和指南，概要介绍如下：

1 《混凝土结构耐久性设计与施工指南》(CCES 01—2004)

该指南由中国土木工程学会颁布,为混凝土结构设计和施工人员提供了基于耐久性作用考虑下的基本原则和要求。根据不同的环境作用类型,确定了不同的环境作用等级,并给出了建议设计使用年限,提出了设计基本要求。另一方面,为保证混凝土结构的耐久性,该指南还对混凝土材料提出相应要求和规定,并给出了一定的构造措施、裂缝控制措施、防腐蚀附加措施以及施工要求。

2 《混凝土结构耐久性设计规范》(GB/T 50476—2008)

该规范由中华人民共和国住房和城乡建设部与中华人民共和国国家质量监督检验检疫总局联合发布,给出了混凝土结构耐久性设计的基本原则,对环境作用类别与等级进行了划分,给出了结构设计使用年限的确定方法,规定了耐久混凝土材料的基本要求,提供了结构耐久性构造的措施,并对一般环境、冻融环境、氯化物环境和化学腐蚀环境作用下的混凝土结构的耐久性设计方法做出了一般规定。

3 《公路钢筋混凝土及预应力混凝土桥涵设计规范》(JTG D62—2004)

该规范由中华人民共和国交通运输部发布,适用于公路桥涵的一般钢筋混凝土及预应力混凝土结构构件的力学设计,采用了承载能力极限状态和正常使用极限状态两类极限状态设计方法,对结构和构件的耐久性设计涉及较少,仅提出了部分构造要求。

2 术语与符号

2.1 术语

2.1.1 结构耐久性 Structure durability

结构及其部件在可能引起材料性能劣化的各种作用下能够长期维持其应有性能的能力。在结构设计中，结构耐久性又常被定义为预定作用和预期的维修与使用条件下，结构及其部件能在预定的期限内维持其所需的最低性能要求的能力。

2.1.2 耐久性作用 Durability action

能引起结构材料性能劣化或腐蚀的环境因素(agent)施加于结构上的作用，包括物理因素(如温度、湿度)和化学因素(如各种有害介质)。

2.1.3 腐蚀 Deterioration

材料与周围的环境因素发生物理、化学或电化学反应而受到的渐进性损伤与破坏。对钢材则为锈蚀（corrosion）。

2.1.4 劣化 Degradation

材料性能随时间逐渐降低。

2.1.5 碳化作用 Carbonation

混凝土碳化作用是指大气环境中的二氧化碳或含碳酸的水与混凝土中的氢氧化钙发生化学反应，生成碳酸钙的过程。碳化作用对混凝土自身性能并无损坏，但会导致混凝土碱度下降，并有利于氯离子的释放，从而加速钢筋的锈蚀。

2.1.6 氯盐侵蚀作用 Chloride penetration

氯盐侵蚀作用是指钢筋混凝土与海水或盐水接触时，氯离子通过各种途径侵入混凝土，到达钢筋表面后引起钝化膜破坏，从而导致钢筋锈蚀的过程。混凝土中氯离子侵蚀的机理包括扩散、对流、迁移等。

2.1.7 冻融循环作用 Freeze-thaw cycle

冻融循环作用是指混凝土表面和内部孔隙中的所含水分在温度变化的影响下，出现冻结和融化交替的现象。冻融循环作用导致混凝土破坏的机理主要有三种解释，分别为膨胀压理论、静水压理论和渗透压理论。

2.1.8 硫酸盐腐蚀作用 Sulfate attack

硫酸盐腐蚀作用是指硫酸根离子与混凝土中水泥的水化产物发生反应，生成具有膨胀性的侵蚀产物，从而导致混凝土出现开裂、剥落等现象。另外，当溶液中硫酸盐浓度超过其溶解度时，会形成结晶析出，导致混凝土内部出现结晶压力，加剧混凝土的膨胀开裂。

2.1.9 磨蚀作用 Abrasion

混凝土的磨蚀作用包括两个方面，分别为风磨蚀和水磨蚀。其中风磨蚀是指风通过挟带的沙粒对混凝土造成冲击和摩擦，从而导致混凝土的空蚀、破碎甚至崩解；水磨蚀是指混凝土在含沙水流磨损和空化水流空蚀共同作用下，出现材料流失、破解的现象。

2.1.10 设计使用寿命 Design service life

设计人员用以作为结构耐久性设计依据并具有足够安全裕度或保证率的目标使用年限。设计使用寿命应由建设单位或使用单位与设计人共同确定，并满足有关法规的最低要求。

2.1.11 耐久性能极限状态 Durability limit state

结构或其构件由于耐久性损伤造成某项功能丧失而不能满足使用性能要求、安全性能要求或经济性能要求的临界状态。

2.1.12 桥梁使用年限 Bridge service life

桥梁建成后，在预定的正常使用与正常维修条件下，桥梁的安全性和适用性均能满足原定要求的实际年限。

2.1.13 维护 Maintenance

为维持结构或其构件在使用年限内所需性能而采取的各种技术和管理活动。

2.1.14 维修 Repair

通过修补、更换或加固，使损伤的结构或其构件恢复到可接受的状态。按修复的规模、费用及其对结构正常使用的影响,可分为大修和小修。当修复活动需在一定期限内停止结构的正常使用,或需大面积置换结构构件中的受损混凝土或更换结构的主要构件时为大修。

2.1.15 可检查性 Examinability

结构或构件在所考虑的作用下受到损伤后,能够让检查人员容易到达并开展经济合理的检查的能力。

2.1.16 可维修性 Repairability

结构或构件在所考虑的作用下受到损伤后,对其进行修复的难易性和经济性。

2.1.17 可更换性 Replaceability

结构或构件在所考虑的作用下受到损伤后,对其进行替代更换的难易性和经济性。

2.1.18 劣化模型 Degradation model

描述材料性能劣化过程的数学表达式,可用于结构使用年限的预测。

2.1.19 混凝土侵入性 Penetrability of concrete

表达外部物质(水、气及溶于水、气中的其他分子和离子等)入侵到混凝土内部难易程度的混凝土性能。根据入侵物质的不同传输机理与特征,常用渗透系数、扩散系数、吸收率等不同参数表示,作为混凝土材料耐久性的综合度量指标。混凝土侵入性又常被称为渗透性(permeability),但渗透(permeation)通常单指水或溶液在压力差驱动下的传输,并用渗透系数表示渗透性。

2.1.20 扩散 Diffusion

流体中的分子或离子通过无序运动从高浓度区向低浓度区的传输,其驱动力为浓度差。

2.1.21 混凝土的氯离子扩散系数 Chloride diffusion coefficient of concrete

表示混凝土中氯离子扩散性的一个参数。氯离子在混凝土中的扩散是指溶于混凝土孔隙水中的氯离子从高浓度区向低浓度区的传输。因为氯离子可以同时通过扩散、渗透和吸附等不同机理侵入到混凝土内部,并在传输过程中有部分氯离子与水泥的水化产物相结合,所以通过试验和计算得到的扩散系数有时在一定程度上也包含了其他传输机理与被结合等因素的影响。

2.1.22 含气量 Entrained air content

混凝土中掺入引气剂后，在混凝土内形成大量球形微细气泡与混凝土的体积比。这些气泡相邻边缘之间的距离的平均值称为气泡间距系数(air bubble spacing)。

2.2 符号

R——混凝土耐久性能指标需求

S——混凝土耐久性作用效应

L_{d}——桥梁设计使用寿命

L_{r}——桥梁实际使用寿命

LS——桥梁结构/构件设计使用寿命建议值

LS_0——基础设计使用寿命建议值

C_1——气候影响系数

C_2——桥位小环境系数

C_3——养护系数

C_4——可用重要性系数

C_5——更换难易系数

XT——碳化环境

XL——氯盐侵蚀环境

XD——冻融环境

XS——硫酸盐腐蚀环境

XM——磨蚀环境

d——构件的保护层厚度

x_0——设计碳化深度基准值

k_0——碳化系数基准值

C_{cr}——引起钢筋锈蚀的临界氯离子浓度

$C_0(x,t)$——t 时刻，距离混凝土表面 x 深度处的氯离子浓度

N_{R}——混凝土设计抗冻等级

N_{S}——混凝土实际抗冻等级

S_{R}——混凝土设计抗压强度耐蚀系数

S_{S}——混凝土实际抗压强度耐蚀系数

M_{R}——混凝土设计磨蚀率

M_{S}——混凝土实际磨蚀率

ρ_{CO_2}——CO_2 浓度

K_{CO_2}——CO_2 浓度影响系数

t——构件设计使用寿命

K_{kl}——位置影响系数

K_{kt}——养护浇筑影响系数

K_F——工作应力影响系数

C_0——初始氯离子浓度

C_S——混凝土表面的氯离子浓度基准值

D_0——结构建成时检测的氯离子扩散系数

α——氯离子扩散系数的时间依赖性常数

T——环境温度

RH_0——环境相对湿度基准值

A——混凝土的含气量

$W/(C+F)$——水胶比

F——粉煤灰掺量

γ_L——实际使用寿命分项系数

γ_i——结构或构件的耐久性重要性系数

γ_c——耐久性设计模型的不确定性系数

γ_{mt}——混凝土材料影响系数

γ_{cu}——混凝土养护浇筑影响系数

γ_u——使用水平参数

γ_{cb}——模型安全系数

γ_{ma}——管养水平影响系数

γ_t——碳化环境作用等级影响系数

γ_l——氯盐环境作用等级影响系数

γ_d——冻融环境作用等级影响系数

γ_s——硫酸盐环境作用等级影响系数

γ_m——磨蚀环境作用等级影响系数

3 桥梁和构件设计使用寿命的确定

3.1 设计使用寿命和实际使用寿命

3.1.1 设计使用寿命和实际使用寿命的关系

桥梁设计使用寿命 L_d 是设计人员根据桥梁设计需求综合确定的桥梁目标使用年限。而桥梁实际使用寿命 L_r 是桥梁建成后，在预定的使用与管养条件下，所有性能均能满足原定要求的实际年限。

条文说明

寿命周期设计过程是通过设计手段使桥梁实际使用寿命以某种保证率大于设计使用寿命的过程，即有：

$$L_d \leqslant \gamma_L L_r \tag{3.1-1}$$

式中：γ_L——实际使用寿命分项系数，$\gamma_L \geqslant 1$。

3.1.2 设计使用寿命确定的原则

桥梁设计使用寿命，包括桥梁整体设计使用寿命 L_d^b 和桥梁构件设计使用寿命 L_d^m。它们是寿命周期设计文件的基本组成部分和重要设计参数，确定的设计使用寿命可以根据后续各个设计过程的需要进行适当调整，并在性能设计过程中予以验证，最终设计文件中应明确最终采用的桥梁整体和构件设计使用寿命。

条文说明

在基于给定寿命的设计过程中，桥梁使用寿命(包括全桥和构件)要求应明确表述为设计依据的一部分，即给定的设计使用寿命。它应当量化为具体的数字要求，如 50 年、100 年或甚至 120 年。

桥梁给定设计寿命确定的基本目标是通过桥梁的设计、施工和使用等方面措施和方法的考虑，使桥梁在其给定设计使用寿命周期内，在预期的使用环境中，满足其使用、资金、文化、生态的各方面要求。桥梁及构件寿命给定的总体策略为：

在综合考虑桥梁寿命周期各种需求后，合理确定桥梁的设计使用寿命要求，考虑造型、性能、生态、管养设计过程，依据寿命周期成本最低的原则进行合理给定。

给定寿命的确定是一个综合当时技术水平、建设单位和使用单位需求，以及桥址现场和预期使用条件的综合过程。给定寿命将对桥梁总体布置、构造设计、后期管养以及最终的寿命周期成本等有显著的影响。以下几点可以作为寿命确定的基本策略，在设计正式展开之前进行考虑：

(1)桥梁的使用寿命与其所处的地域环境及使用过程中的交通荷载、受到的主要侵蚀作用有直接关系，相应的设计措施也应有所区别。因此，设计使用寿命的确定要因使用环境不同而有所区别。在分析了桥梁的用途和确定使用环境后(表 3.1-1)，可以选择满足设计要求的材料和结构类型。

桥梁用途和使用环境　　表 3.1-1

桥梁用途	使用环境示例
公路桥(高架)	车辆荷载、行人荷载、环境荷载(气候条件、地震等)
公路桥(跨水域)	车辆荷载、行人荷载、环境荷载(气候条件、流水、流冰、波浪、地震、洪水等)
铁路桥(高架)	列车荷载、环境荷载(气候条件、地震、洪水等)
铁路桥(跨水域)	列车荷载、环境荷载(气候条件、流水、流冰、波浪、地震、洪水等)
人行桥	行人荷载、环境荷载(气候条件、流水、地震、洪水等)

(2)对在役构件，实际使用寿命应作为重要的决策因素进行考虑。给定寿命大大高于正常规律可能引起高昂的成本代价；低于正常规律则可能引起浪费，或产生过多的更换维修费用。

(3)技术进步可能对寿命周期内规划的工作产生影响，新兴技术可能较原有的养护维护计划更为经济，则在实施过程中没有必要追求对原计划的实现。为了考虑这些不确定性，在设计过程中对更换、维修的灵活性的考虑是非常必要的。

(4)新的功能需求、交通量增加等因素，可能使得桥梁在寿命周期的某个阶段出现不适用而中止寿命，桥梁设计寿命的确定应适当考虑桥梁功能过时的风险。

(5)对于非常重要或投资数额巨大的桥梁，除了考虑上述各种因素外，还应对其控制性的特殊因素进行风险评估，合理确定其给定寿命。

(6)对于能够明确判断使用寿命的构件，应明确寿命周期的更换次数或周期；对于使用寿命不明确的可更换构件，应考虑灵活方便的维修通道或更换措施；选用寿命特性不明确，且不可更换的构件必须谨慎。在选择材料时，还应当考虑在使用寿命终结时回收利用的可能性。

(7)细致考虑由于侵蚀性环境作用引起的材料和结构性能退化过程；选择最优的材料组成和细部构造抵抗结构在设计使用寿命内的退化；制订养护、维修策略，规划构件和部件的更换计划等都可以作为保证实现给定寿命的措施，这些方面的分析、研究、优化可以作为降低寿命不确定性的依据。

3.2 桥梁整体寿命

3.2.1 桥梁整体设计使用寿命确定的原则和目标

桥梁整体设计使用寿命是在设计阶段对桥梁正常使用时间的预期，后续各个设计过程均以分析和满足此时间周期内的需求为目标展开。它的确定以满足各项设计需求且获得最佳的成本—效益组合为基本目标，并需考虑以下原则：

(1)在满足现有技术规范的基础上，应结合具体情况；

(2)不应对永久构件设计造成很大的困难；

(3)应与构件设计使用寿命及后期管养周期综合考虑；

(4)应与桥梁联系道路的预期使用年限相适应。

条文说明

桥梁整体设计使用寿命对桥梁造价和后期性能有显著影响。通常桥梁整体设计寿命是以现有常规技术为基础，结合桥梁具体情况进行确定。过高的设计使用寿命会提高永久构件的设计要求，从而影响造价；而过低的设计使用寿命可能对后期的管养，尤其是养护和重建期间可能造成巨大的间接损失。桥梁整体设计使用寿命会影响构件寿命的确定，应考虑到随着使用年限的增长，在大多数情况下，道路网对桥梁的依赖会提高，因此，后期的管养工作可能会引起更多的间接损失。

3.2.2 桥梁整体实际使用寿命的终结

桥梁实际状态水平不能满足寿命周期设计需求的一项或多项要求，可认为其实际使用寿命已经终结，具体包括但不限于：

(1)永久构件状态不能满足性能(安全、使用或耐久)要求；

(2)虽然可以通过管养措施维持桥梁状态水平(如更换或维护构件)，但不满足成本最优的要求。

条文说明

相关说明可参见桥梁构件实际使用寿命部分，在其基础上以下几点也可纳入考虑范围：

(1)维修和养护的间接成本应纳入构件寿命确定的考虑范围；

(2)特殊的耐久性措施，将有利于提高构件的设计使用寿命，减少维修养护工作，可将此作为寿命优化的重要方法。

3.2.3 建议桥梁整体设计使用寿命

常规桥梁的设计使用寿命，宜参照表3.2-1中建议值选取，具体确定时可在此基础上根据桥址实际情况进行适当调整。对于表3.2-1中未涉及的特殊结构体系、材料及特大跨度桥梁，其设计使用寿命需经过专门研究确定。

桥梁整体建议设计使用寿命(单位:年)　　表3.2-1

主要材料	小　桥	中　桥	大　桥	特大桥
混凝土	50～60	50～60	80～100	80～120
钢	50～80	50～80	80～100	100～120

条文说明

桥梁设计使用寿命，应在建议值基础上根据实际情况进行适当修正后，综合确定。对于桥梁建议设计使用寿命的修正，应包括但不限于以下方面：

(1)桥址地区总体区域条件，包括但不限于气候特征、自然灾害、灾害天气；

(2)桥址位置的特殊区域条件，包括但不限于特殊污染、地质条件；

(3)桥梁对于其连接线路的重要性；

(4)桥梁未来可能的实际管养水平；

(5)基于可用的技术条件达到设计使用寿命的难易程度。

3.2.4 桥梁设计使用寿命的不确定性

桥梁设计使用寿命的确定除应考虑新技术、新工艺的应用外，尚应计入结构使用过程中功能改变的影响。

条文说明

桥梁设计使用寿命的确定除了应基于现有技术要求，充分考虑建设单位需求、桥址现场条件以及桥梁使用预期要求等综合确定外，还应考虑寿命周期中可能的限载、改建、拓宽等重大功能改变。另外，改建后的延续使用时间应纳入设计使用寿命中一并考虑。

3.3 桥梁构件寿命

3.3.1 桥梁构件设计使用寿命确定的原则和目标

桥梁构件设计使用寿命是在设计阶段对桥梁构件正常使用时间的预期，后续各个设计过程均以分析和满足此时间周期内构件各种需求为目标展开。应以满足各项设计需求且获得最佳的成本—效益组合为基本目标，并需考虑以下原则：

(1)构件设计使用寿命，应与其寿命类型相适应；

(2)构件的设计使用寿命，应与当前的技术水平相适应；

(3)可维修和可更换构件，在确定其寿命时，应考虑维修和更换工作可能引起的直接费用和间接费用。

条文说明

无。

3.3.2 桥梁构件实际使用寿命的终结

构件实际状态不能满足寿命周期设计需求的一项或多项要求，可认为其实际使用寿命已经终结，具体包括但不限于：

(1)构件状态不能满足性能(安全、使用或耐久)要求；

(2)维修或维护构件成本过高，不满足成本最优的要求。

条文说明

无。

3.3.3 基于寿命特点的桥梁构件类型

根据构件寿命特点，将各种桥梁构件划分为四类，其构件类型特征如表 3.3-1 所示。

桥梁构件的使用寿命类别　　表 3.3-1

构件类型	维护方式	寿命特征
I	永久构件，不可更换，且不可检查或维护	同桥梁整体设计使用寿命
II	永久构件，不可更换，但可检查或维护	同桥梁整体设计使用寿命
III	可更换构件，可检查或维护，使用寿命较长，在整个寿命周期中需要进行 1～2 次修补或更换	实际使用寿命 15～30 年
IV	可更换构件，可检查或维护，寿命期较短，在整个寿命周期中需要进行多次修补或更换	实际使用寿命 5～10 年

条文说明

无。

3.3.4 桥梁构件设计使用寿命的确定

确定桥梁构件设计使用寿命时，应考虑桥址区域气候特性、桥位区域环境特征、桥梁养护条件、桥梁重要性、构件更换难易性等，在推荐设计寿命的基础上修正确定。对于有特殊要求的桥梁构件，或桥址环境、设计条件、材料或结构形式特殊的桥梁构件，其设计使用寿命可具体分析确定。

条文说明

桥梁构件设计使用寿命，应在建议值基础上，根据实际情况进行适当修正后综合确定。对于桥梁构件建议设计使用寿命的修正包括但不限于以下方面：

(1)桥址地区总体区域条件，包括但不限于气候特征、自然灾害、灾害天气；

(2)桥址位置的特殊区域条件，包括但不限于特殊污染、地质条件；

(3)构件的特殊使用条件，包括但不限于构造特点、使用要求；

(4)构件检查、养护、更换的难易程度；

(5)构件检查、养护、更换对桥梁正常使用的影响；

(6)桥梁在使用期间能够达到的养护和管理水平；

(7)基于可使用的技术条件达到设计使用寿命的难易程度。

在建议使用寿命的基础上，可以根据桥梁具体情况对使用寿命进行修正。第3.4节给出了一个初步的修正方法可供设计过程参考。

3.3.5 建议桥梁构件设计使用寿命

基于常规技术水平和设计要求，常用桥梁构件的设计使用寿命可参照表3.3-2确定。

内陆地区公路桥梁主要构件最小设计使用寿命建议值(单位：年) 表3.3-2

构件	类别	目前实际使用寿命		设计使用寿命建议	
		范围	均值	范围	建议值
主梁	钢筋混凝土主梁	0～60	50	50～100	60
	预应力混凝土主梁	—	—	50～90	70
	钢主梁	50～100	60	50～80	70
桥墩立柱	钢筋混凝土	30～60	50	60～100	同主梁
基础	钢筋混凝土	40～80	60	60～100	同主梁
支座	橡胶支座	10～40	25	20～50	30
伸缩缝	钢梁伸缩缝	5～20	12	10～20	15
主塔	钢筋混凝土	—	—	60～100	同主梁
	钢材	—	—	60～100	同主梁

续上表

构件	类别	目前实际使用寿命		设计使用寿命建议	
		范围	均值	范围	建议值
斜拉索	平行钢丝	7～17	12	10～30	15
	平行钢绞线		—	15～40	20
吊杆	平行钢丝	10～30	15	15～40	20
	平行钢绞线	—	—	15～40	25
主缆	平行钢丝束	—	—	50～100	70
防撞栏杆	钢筋混凝土	—	—	20～50	40
	钢材	—	—	30～80	50
桥面铺装	水泥混凝土	5～20	10	10～20	15
	沥青混凝土	5～20	10	10～20	15

注：1. 表中“—”表示缺乏这方面的资料数据或者该种工艺刚使用不久，其寿命特性有待考察；

2. 当采用特殊材料、新工艺或牺牲阴极防护等措施时，其设计使用寿命应根据具体情况确定。

3.4 常用构件建议设计使用寿命的修正方法

寿命周期设计中，设计使用寿命是基本设计参数，需要在方案阶段开始规划，通过后续设计和决策过程的优化和调整，在设计完成时最终确定。设计使用寿命包括桥梁设计使用寿命和构件设计使用寿命，对于桥梁和构件使用寿命的优化和调整是寿命周期设计的重要内容。

3.4.1 构件设计使用寿命建议公式

考虑修正的桥梁常用构件设计使用寿命建议按以下公式确定：

$$LS = LS_0 \cdot C_1 \cdot C_2 \cdot C_3 \tag{3.4-1}$$

式中：C_1——气候影响系数；

C_2——桥位小环境系数；

C_3——养护影响系数；

LS——桥梁结构/构件设计使用寿命建议值；

LS_0——基础设计使用寿命建议值，可按本指南表 3.3-2 中的构件基础寿命取用。

对于不可更换构件，应考虑对于结构安全的重要性适当调整其设计使用寿命，可用重要性系数 C_4 进行修正。因此，不可更换构件设计使用寿命可按下式进行修正：

$$LS = LS_0 \cdot C_1 \cdot C_2 \cdot C_3 \cdot C_4 \tag{3.4-2}$$

对于可更换构件，应考虑其更换难易程度及更换工作直接成本和间接成本，适当调整其设计使用寿命，可用更换难易系数 C_5 进行修正。因此，可更换构件设计使用寿命可按下式进行修正：

$$LS = LS_0 \cdot C_1 \cdot C_2 \cdot C_3 \cdot C_5 \tag{3.4-3}$$

3.4.2 养护影响系数

养护措施将显著影响桥梁结构构件的使用寿命，养护影响系数 C_3 用于反映养护措施对构件使用寿命的影响。养护影响系数 C_3 可按表 3.4-1 取用。

养护影响系数 C_3 表 3.4-1

养护情况	养护影响系数	说明
无养护	1.0	几乎没有养护措施
简单维护	1.05	按规范要求进行养护
周期性检查维护	1.2	制订和执行专门养护计划

3.4.3 桥梁重要性系数

构件寿命确定时，应综合考虑桥梁规模、所处道路等级，以及构件失效可能造成的经济损失等进行适当修正。在没有具体研究数据支持时，可根据《公路桥涵通用设计规范》(JTG D60—2004)中桥梁分类(表)，按表 3.4-2 中给出的桥梁重要性系数 C_4 进行修正。

桥梁重要性系数 C_4 建议取值表 表 3.4-2

桥涵分类	多孔跨径总长 L(m)	单孔跨径 L_K(m)	影响系数建议取值
特大桥	$L>3000$	$L_K>300$	1.6～2
	$L>1000$	$150 \leqslant L_K \leqslant 300$	1.3～1.6
大桥	$100 \leqslant L \leqslant 1000$	$40 \leqslant L_K \leqslant 150$	1.1～1.3
中桥	$30<L<100$	$20<L_K<40$	1～1.1
小桥	$8 \leqslant L \leqslant 30$	$5 \leqslant L_K \leqslant 20$	1

3.4.4 桥梁构件更换难易系数

可更换构件可能对桥梁正常使用产生影响，因此构件设计寿命取值时，应考虑桥梁构件更换对桥梁正常使用的可能影响，通过合理规划构件使用寿命，优化寿命周期总体成本。在没有具体研究数据支持时，可以按表 3.4-3 确定桥梁构件更换难易系数 C_5。

桥梁构件更换难易影响系数 C_5 取值建议表 表 3.4-3

桥梁构件更换对桥梁正常使用影响程度描述	更换难易系数
很难更换、更换时对通行影响极大	1.5
较难更换、更换时对通行影响较大	1.2
更换难度、更换时对通行影响均为中等	1.0
较易更换、更换时对通行影响较小	0.9
很易更换、更换时对通行影响极小	0.8

4　公路桥梁混凝土结构耐久性能设计过程、要求及方法

4.1　耐久性能设计

耐久性能设计是在给定结构设计寿命的前提下，基于性能设计方法对结构及其构件寿命期内，结构状态与功能需求的符合状况，进行动态分析的过程。

条文说明

结构耐久性能是指在同样(或等效的)的建设和运营维护总成本(寿命周期总成本)条件下，结构在外界环境及设计预期正常荷载共同作用下，在给定使用寿命期内，保持预期的安全性、适用性的能力。材料特性、结构和构造设计、桥址周边环境作用、施工和维护质量等都可能对结构耐久性能产生影响，造成耐久性能退化。

结构耐久性能的退化与结构寿命密切相关，因此，开展耐久性能设计的首要条件即为对结构耐久性能设计的要求进行研究和明确，确定结构及其构件设计寿命。另一方面，耐久性问题形式多样，原因和机理复杂，而合理的对策又与设计、施工、管养等多个阶段密切联系，结构的耐久性能设计也就需要从给定寿命设计过程的角度出发，基于性能设计的基本原理，根据不同的阶段有针对性地选用提高或保证结构耐久性能的措施。

4.2　耐久性能设计过程

桥梁混凝土结构的耐久性能设计，宜参照图 4.2-1 所示流程进行：

条文说明

公路桥梁混凝土结构的耐久性能设计过程主要分为六个部分，分别为耐久性能设计输入、桥址环境调查及环境参数确定、桥梁结构及构件基于耐久性的概念设计、耐久性作用环境区划与分析、耐久性能极限状态设计和耐久性能演变分析。除此之

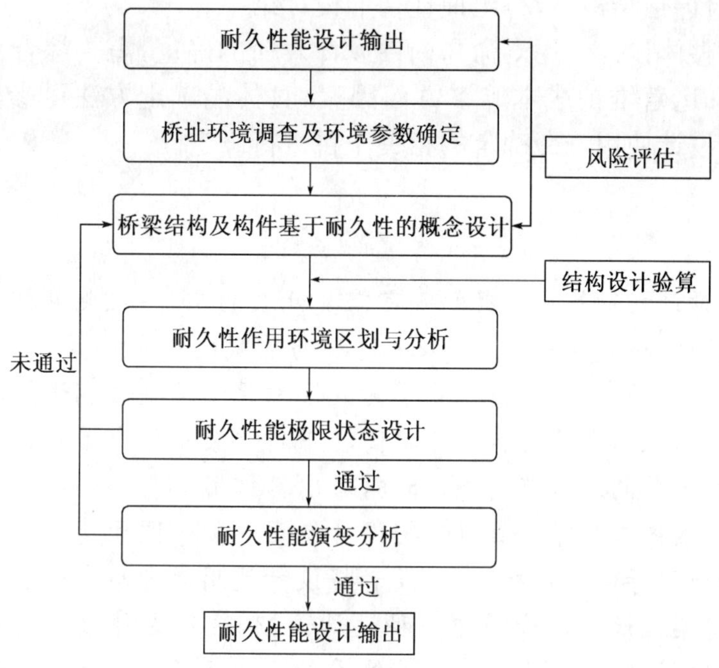

图 4.2-1 耐久性能设计过程流程图

外，耐久性能设计过程中还涉及两个重要内容，即风险评估和结构设计验算。

耐久性能设计过程中的风险评估，需要考虑整个寿命周期内可能出现的风险事态，并采用科学有效的方法做出评估。评估结果主要运用在耐久性能设计输入和概念设计过程中。如，在耐久性能设计输入阶段，需要对桥梁寿命周期内的桥下通航情况做出预测评估，并据此设计桥梁的跨径布置等相关参数；在概念设计阶段，需考虑桥址周围区域新建的大型化工厂或桥梁运营期间可能出现的腐蚀物质倾泻等风险事态，并将风险评估结果在概念设计中体现出来。具体的桥梁工程风险评估方法可参考《桥梁工程风险评估》(人民交通出版社，2008 年)一书。

耐久性能设计过程作为桥梁结构设计的补充与完善，两者之间存在紧密的联系。采用极限状态设计方法的耐久性能设计过程，在耐久性能极限状态方程中，需要对混凝土结构构件的应力状态做出相应了解，即需要桥梁结构设计验算结果。应力状态对构件耐久性能的参数化影响，可参见本指南第 8 章耐久性作用的极限状态设计。

4.2.1 耐久性能设计输入

耐久性能设计输入，主要包括：设计初期基本情况的确定，以及桥梁结构及其构件的设计使用寿命的给定。

桥梁的初期设计需要考虑寿命周期内可能对桥梁结构造成重大影响的风险

事态，考虑风险评估结构后，得出最佳初期设计结果。

桥梁结构整体设计使用寿命和构件设计寿命的确定，需要综合考虑结构设计的要求、建设和运营维护成本等多方面因素，具体的确定方法可参照本指南第3章桥梁和构件设计使用寿命确定的相关条目进行确定。

条文说明

桥梁结构设计初期基本情况的确定需要开展的工作，主要包括：桥位选取、桥型设计、通航设计、荷载等级确定等，该过程与宏观的规划决策相关，较少涉及对桥梁结构耐久性能的考虑。因此，基于耐久性考虑的桥梁初期设计与传统力学性能设计基本一致，仅需在某些特殊环境情况下对桥梁整体布置做出基于耐久性的考虑，如在磨蚀严重的地区确定桥位时需考虑其作用。

长久以来，国内工程界一直习惯将设计使用寿命等同于建设单位或使用单位对桥梁及结构使用寿命的目标要求，或者将设计使用寿命与实际使用寿命等同起来。实际上，桥梁设计使用寿命是一种设计预期，达到这种预期的前提是满足设计过程中的各种假设，如使用和管养条件等。这些问题在以往的设计中往往被忽视，本指南中给定寿命设计以保证桥梁寿命周期为目标(即达到设计预期)，并将设计中的假设和前提条件以更加具体的设计文件的形式表达出来。

本指南明确了给定结构寿命的概念。给定结构寿命是寿命周期设计与传统设计的最为重要的区别。虽然在传统设计规范中也有对结构的使用时间的规定，但在具体的条文和设计要求中几乎没有直接反映针对使用寿命的特殊要求。在给定寿命的设计过程中，给定的结构寿命将是后续设计内容的起点，是最为重要的设计参数之一。

桥梁设计人员需要与建设单位合作，根据建设单位与使用单位对桥梁使用寿命需求，确定桥梁设计寿命的目标，将桥梁的各构件分解成不同的目标使用寿命类别；这些区分将影响在设计使用寿命周期内各构件必须更换的次数以及管养方法。在不同的给定寿命下，桥梁寿命周期成本不同，这样将是进行成本优化的重要依据。

在基础研究方面，对常规构件给出合理的设计寿命是给定寿命设计理论重要的组成部分。主要是通过对在役桥梁(构件)性态的观察、分析、模拟、预测，对其寿命周期性能变化过程进行科学描述，并结合给定寿命设计的基本要求给出建议的寿命范围，供设计取用。需要指出的是，在给定寿命的设计过程中，由于考虑问题的范围和决策时间域大大拓展，因此决策问题也将异常困难。针对具体的桥梁，其给定寿命确定将是一个设计人员进行调查、分析、研究后的确定的设计参数，如同常规设计中的梁的尺寸或是斜拉索的索力；基础研究得到的推荐或建议给定寿命仅供设计人员参考。如果对所有的类似构件给定相同的寿命而忽略具体的使用条件和结构特征,则进行给定寿命设计的意义也将失之过半。

4.2.2 桥址环境调查及参数确定

针对五种主要的耐久性作用,即碳化作用、氯盐侵蚀作用、冻融循环作用、硫酸盐腐蚀作用和磨蚀作用,开展桥址环境(包括水文、气候和地理环境等)的调查工作,并确定相应的环境参数。

条文说明

桥址环境调查及相应环境参数的确定,在耐久性能设计过程中非常重要,其不仅为耐久性能极限状态设计提供了必要参数,还对基于耐久性的概念设计产生非常大的影响。

不同的耐久性作用,对混凝土结构的侵蚀机理全然不同,影响其侵蚀过程及程度的环境因素也存在相当大的差异,由此相应的桥址环境调查内容可根据耐久性极限状态验算中涉及的环境参数进行确定。具体环境参数选取如表 4.2-1 所示,表中各环境参数的获取方法可参考相关试验规范规程。

桥址环境调查参数 表 4.2-1

耐 久 性 作 用	环 境 参 数
碳化作用	二氧化碳浓度、大气年平均温度、大气年平均相对湿度
氯盐侵蚀作用	构件表面氯离子浓度
冻融循环作用	最冷月平均气温
硫酸盐腐蚀作用	酸雨成分、酸雨频率
磨蚀作用	风力等级、年累计刮风时长、流冰出现频率

4.2.3 基于耐久性的概念设计

基于耐久性的概念设计是指,由设计人员根据已有的结构设计原则,以实现结构全寿命周期成本最优化为目标,从材料选用、施工过程、构造设计、管养等方面出发,综合考虑结构及构件形式、功能、重要程度以及安全、经济等因素,确定桥梁结构的相关设计内容和关键参数,形成耐久性设计方案的设计过程。具体的设计内容可参考本指南第 5 章公路桥梁混凝土结构的耐久性概念设计。

条文说明

结构耐久性能是全寿命设计的核心问题之一,基于耐久性的概念设计也需要融合桥梁寿命周期设计理论,将施工过程、构造设计、运营管养等各个环节囊括其中。

4.2.4 耐久性环境作用区划及分析

根据桥址处的自然环境条件,综合考虑环境区划、结构及构件特点等因素,确定典型的耐久性作用。

条文说明

本指南从结构服役环境出发调研了影响结构性能的耐久性作用,提出了两种耐久性作用的环境区划方法:基于耐久性作用的方法和基于环境影响系数的方法,并在本指南第6章耐久性环境作用区划中进行了详细阐述。设计人员可根据实际条件,选取适当的方法。

4.2.5 耐久性能极限状态设计

耐久性能极限状态对应于结构或结构构件达到正常性能退化的临界状态,或将引起严重影响受力性能的退化的状态,其关注的是其退化机理过程发生显著不利于寿命周期性能的变化的时刻。对应耐久性能极限状态的计算可采纳下式:

$$R \geqslant \gamma S \tag{4.2-1}$$

式中:R——混凝土结构耐久性能指标需求;

S——耐久性能作用效应;

γ——混凝土桥梁结构及构件的耐久性能分项安全系数,$\gamma \geqslant 1$,是反映桥位环境、混凝土材料、施工养护及管养的综合参数。

给定寿命的公路桥梁混凝土结构及构件的耐久性能极限状态设计,应参照以下步骤,如不满足,应适当调整耐久性设计方案。

(1)根据耐久性环境作用情况、结构及构件的差异,确定桥梁混凝土结构的耐久性能极限状态及相应状态参数;

(2)根据环境作用区划参数,讨论结构抵抗环境作用的能力与环境作用效应的关系。

条文说明

《建筑结构可靠度设计统一标准》(GB 50068—2001)中指出,极限状态是结构或结构的一部分超过某种特定状态就不满足某一设计预期的性能要求,此特定状态称为该性能需求的极限状态。我国现行的标准、规范中将结构的极限状态分为承载力极限状态和正常使用极限状态。

本指南参考欧洲模式规范,在给定寿命的设计过程中,将耐久性能极限状态从以往使用性能极限状态中分离出来,单独列为一类极限状态,并入后续耐久性

能极限状态条目。当结构或结构构件出现以下状态之一时,应认为超过了耐久性能极限状态:

(1)结构进一步退化或损伤将引起退化机理的改变;

(2)结构进一步退化将影响正常使用;

(3)结构进一步退化将影响构件的受力机理或性能;

(4)结构进一步退化将导致结构的经济性能退化至无法接受的水平。

本指南第8章中针对影响公路桥梁混凝土结构性能的五种主要耐久性作用(碳化、氯盐侵蚀、冻融破坏、硫酸盐腐蚀和磨蚀),详细阐述了各自的耐久性能极限状态,建立了耐久性能极限状态方程,并讨论了典型的耐久性极限状态参数与耐久性作用效应的关系。

4.2.6 耐久性能演变分析

根据前期设计中确定的桥梁结构设计使用寿命、结构参数、环境参数及材料参数,对桥梁整体进行性能演变分析,得到不同材料的面积损失率、正常使用极限状态和承载能力极限状态下各项力学性能指标随时间的演变规律,据此判断桥梁特定截面的应力水平是否满足设计规范要求;如不满足,则需重新调整设计参数进行设计,即返至概念设计阶段重新进行设计。

条文说明

针对环境作用开展的混凝土桥梁耐久性能演变分析,需基于寿命周期设计思想,考虑桥梁建设全过程中的各种影响因素,并对材料退化数学模型和结构构件耐久性退化过程做深入研究,建立混凝土桥梁耐久性能演变分析的系统。在条件允许的情况下,可结合结构可靠度分析方法,建立基于概率的混凝土桥梁耐久性能演变分析系统。据此,设计者或研究者可开展对应分析,通过编写计算程序实现演变分析。

西部交通科技课题“混凝土桥梁耐久性设计方法和设计参数研究”中的专题六针对混凝土桥梁耐久性能演变分析的要求,选用了《混凝土结构耐久性评定标准》(CECS 220—2007)中关于混凝土碳化—钢筋锈蚀—性能退化模型和氯离子侵蚀—钢筋锈蚀—性能退化模型,总结了混凝土结构在耐久性退化过程中的受力特点,从基本假定、材料截面模拟方法、退化过程模拟、有限元分析方程、混凝土徐变收缩和结构退化分析方法等六个方面,建立了耐久性全过程分析模型,编制了“混凝土桥梁结构耐久性分析系统”,并结合改进的相应算法,建立了基于概率的混凝土桥梁性能演变过程分析模型,编写了相关计算程序。本指南附录B对“混凝土桥梁结构耐久性分析系统”作出了详细介绍。

5 公路桥梁混凝土结构的耐久性概念设计

5.1 基于耐久性的概念设计

基于耐久性的概念设计是公路桥梁混凝土结构耐久性能设计过程的核心内容，其实施过程需注意桥梁结构的可持续性，及基于对结构性能要求、环境作用及荷载作用的综合考虑制订，并计入材料质量、施工质量、结构可建性、管理养护要求等多方面的影响。

基于耐久性的概念设计需要融入寿命周期设计理论的思想，在设计过程中需考虑桥梁结构在整个寿命周期内可能面临的各类风险事态，并开展对应的风险评估工作，将评估结果在概念设计中进行体现。

条文说明

基于耐久性的概念设计中，需要考虑的主要因素。包括：结构性能要求、环境作用情况及荷载作用情况。三者综合体现了桥梁结构的预期性能要求及其影响因素，是概念设计中的重要参考条件。

结构性能要求表征了建设单位对桥梁结构服役性能的预期，是基于耐久性的概念设计的直接影响因素。在基于耐久性的概念设计中，设计者需将建设单位对结构性能的要求主动转化为相应的材料参数和结构参数，初步勾勒出桥梁结构的整体设计轮廓。对结构性能要求较高的结构，设计者需增加提高桥梁结构耐久性能的措施；对结构性能要求较低的结构，设计者可选择较为经济合理的设计参数，以降低成本。

桥址处环境作用情况对基于耐久性的概念设计影响十分显著，针对不同的环境作用类型，需在概念设计中考虑采用不同的措施以减小环境侵蚀作用。在应对极端恶劣的环境条件情况下，基于耐久性的概念设计甚至可以不局限于混凝土结构，通过选用不锈钢等新型高耐蚀性材料保证结构的耐久性。

桥梁结构在荷载的作用下，将无可避免地出现性能的退化，对结构的耐久性能造成不利影响，在概念设计过程中应对此有所考虑。如对主梁上部存在负弯矩区的连续梁桥或连续刚构桥，其产生裂缝的可能性较大；在路面除冰盐的影响下，其氯盐侵蚀情况较为严重，需在概念设计过程中特别进行考虑。

另外，基于耐久性的概念设计过程中，需要开展对应的风险评估工作，其目的在于保证桥梁结构运营期间内的服役性能，对桥梁设计使用寿命期内可能影响其服役性能的各类风险作出全面综合的评估。宏观而言，全球气候变化造成海平面上升会对沿海地区桥梁的耐久性造成不可忽视的影响，在概念设计中需针对桥墩高度及防护措施开展特别研究；局部而言，在桥址周围区域新建的大型化工厂，将导致桥址处出现剧烈的环境变化，在概念设计中亦应对此有所考虑。具体的风险评估理论和方法可参考《桥梁工程风险评估》(人民交通出版社，2008)一书。

5.2 基于耐久性能的材料选用要求

在满足设计的材料力学性能的基础上，混凝土原材料选取应考虑以下原则：

(1)宜选用低水化热和含碱量偏低的水泥，尽可能避免使用早强水泥和高 C_3A 含量的水泥；

(2)用坚固耐久、级配合格、粒形良好的洁净骨料；

(3)使用优质粉煤灰、矿渣等矿物掺和料或复合矿物掺和料，除特殊情况外，矿物掺和料应作为耐久混凝土的必需组分；

(4)使用优质的外加剂，根据使用环境，合理选用具有减水、引气、阻锈作用的外加剂，并将其作为配制耐久混凝土的常规手段；

(5)尽量降低拌和水用量，为此应外加高效减水剂或有高效减水功能的复合外加剂；

(6)限制单方混凝土中胶凝材料的最低和最高用量，为此应特别重视混凝土集料的级配以及粗集料的粒形要求；

(7)尽可能减少混凝土胶凝材料中的硅酸盐水泥用量，且胶凝材料的总量也不能过高。

条文说明

混凝土是多组分的混合材料，各个组分在硬化混凝土整体中协同工作。原材料的质量控制是混凝土质量控制的重要环节，原材料性能的优良和稳定性直接影响着混凝土拌和物工作性能和力学性能，并最终影响到混凝土结构的耐久性。

水泥、砂、石和水是传统混凝土的基本组成，掺和料和外加剂是现代桥梁混凝土不可或缺的第五和第六组分。原材料的品质优选和质量控制是桥梁结构混凝土耐久性提升的首要任务和关键措施。因此，要获得耐久的混凝土，必须了解不同组分的特点和作用,认真、细致地选择,力求性能最优化。

确定原材料后,进行配合比设计是实现混凝土性能的基础。混凝土的配合比设计应根据结构特点、混凝土性能要求、环境条件和施工条件,在综合耐久性、强度的基础上,确定混凝土的组成和性能参数。具体来说,混凝土配合比设计的基本要求是:满足混凝土结构设计的强度等级;满足施工所要求的混凝土拌和物的和易性;满足混凝土结构设计中耐久性要求指标(如抗冻等级、抗渗等级、抗侵蚀性等);符合经济原则,节约水泥和降低混凝土成本。

对混凝土原材料及相应配合比的设计要求及建议,可参考《桥梁结构用耐久性混凝土设计与施工手册》(人民交通出版社,2012)的相关条目。

5.3 基于耐久性能的施工过程设计要求

为保障耐久性设计方案的顺利实现,应从材料、结构和构造三个方面出发,对公路桥梁混凝土结构的施工过程提出如下要求:

(1)严格控制混凝土的原材料质量,对其配合比进行优化设计;

(2)规范钢筋的施工工艺,确保普通钢筋及预应力钢筋的保护措施有效;

(3)在耐久性问题较为突出的部位的施工过程中,应采取特别的耐久性能保障措施;

(4)特殊情况下的施工,应注意针对实际情况,采取对应的有效措施保障施工质量。

条文说明

受施工误差的影响,混凝土和钢筋的材料属性、保护层厚度以及一些构造细节可能与原设计方案不同。这样的影响在耐久性设计阶段,已经通过分项安全系数的方式有所考虑。但混凝土桥梁的施工过程仍然要尽量保证结构和构件几何尺寸(如保护层厚度、截面角区的倒角等)的准确,从而保证桥梁结构的实际退化过程与耐久性设计中预测的退化过程保持一致。

混凝土的原材料及配比,应在正式施工前的混凝土试配工作中,通过混凝土工作性、强度和耐久性指标的测定,并通过抗裂性能的对比试验后确定;重要的工程应在现场进行模拟构件的试浇注,发现问题及时调整,对其中截面最小尺寸大于 30cm 的构件,还宜测定混凝土的绝热或半绝热温升和自由收缩值。

为保证钢筋保护层厚度尺寸及钢筋定位的准确性,宜采用工程塑料制作的保护层定位夹或定型生产的纤维砂浆块;预应力混凝土孔道灌浆施工应在专业工程师指导下,由受过专业培训的技工操作。

耐久混凝土施工中，需要重点保证质量并采取专门措施的内容有：结构表层混凝土的密实性、均匀性与良好的养护，混凝土保护层厚度的准确性，混凝土裂缝控制。此外，对于引气混凝土、后张预应力和连接缝的施工，也应制定专门的操作规程和质量检验标准。

另外，在混凝土工程正式施工前，应针对工程特点和施工环境与施工条件，会同设计、施工、监理及混凝土供应商等各方，共同制定施工全过程和各个施工环节的质量控制与质量保证措施以及相应的施工技术条例，商定质量检验方法与奖惩办法。施工和监理单位应各自委派专人负责纪录混凝土运送到工地的时间和出机坍落度、浇筑时间和浇筑时的坍落度、浇筑时气温与混凝土浇筑温度、施工缝的划分、混凝土浇筑高度的控制以及混凝土的养护方式和养护过程，包括养护开始时间、混凝土养护中的表面温度与降温速率、拆模时间与拆模时气温等。如果出现裂缝，要记录裂缝出现的时间、部位、尺寸和处理等情况。

资料与实例 5.1 混凝土的季节施工

现浇混凝土应有充分的潮湿养护时间。在整个潮湿养护过程中，应根据混凝土温度与气温的差别及变化，及时采取措施，控制混凝土的升温和降温速率。配筋混凝土不得用海水养护，养护水应符合混凝土拌和水的标准。

当新浇的结构构件有可能接触流动水时应采取防水措施，保证混凝土在浇筑后 7d 之内不受水的直接冲刷。对海洋浪溅区以下的新浇混凝土，应保证混凝土在养护期内并在其强度达到设计等级值以前不受海水与浪花的浸蚀。应尽可能推迟新浇混凝土与海水等氯盐环境接触时的龄期，一般不宜小于 6 周。

混凝土的拆模时间除需考虑拆模时的混凝土强度外，还应考虑到拆模时的混凝土温度(由水泥水化热引起)不能过高，以免接触空气时降温过快而开裂，更不能在此时浇注凉水养护。

混凝土的入模温度应视气温而调整，在炎热气候下不宜高于气温且不超过 30℃，负温下不宜低于 12℃。对于构件最小断面尺寸在 300mm 以上并有防水或防氯盐侵蚀的混凝土结构，混凝土的入模温度一般应控制在 25℃以下。重要工程可事先通过裂缝控制的专用分析程序，合理确定混凝土施工的浇筑、养护方法与工序，估计施工过程中混凝土温度与拉应力的变化，提出混凝土温度的控制值，并在施工养护过程中实际测定关键截面的中点温度和离表面约 5cm 深处的表层温度(对基础地板还包括底部)，实行严格的温度控制。一般工程如无条件进行专门的计算分析，通常可取混凝土的温度控制值为：混凝土入模后的内部最高温度一般不高于 70℃，构件任一截面在任一时间内的内部最高温度与表层温度之差一般不大于 20℃，新浇混凝土与邻接的已硬化混凝土或岩土介质之间的温差不大于 20℃，淋注于混凝土表面的养护水温度低于混凝土表面温度时，其差值应不大于 15℃，混凝土的降温速率最大不宜超过 3℃/d。此外，当周围大气温度低于养护中混凝土表面温度超过 20℃时，混凝土表面必须覆盖保温以降低降温速率。

混凝土养护期间，混凝土内部的最高温度不宜高于 65℃，混凝土表面的养护水温度与混凝土表面温度之间的温差不得大于 15℃。混凝土结构或构件在任一养护时间内的内部最高温度与表面温度之差不宜大于 20℃（梁体任一养护时间内的内部最高温度与表面温度之差不宜大于 15℃）。当周围大气温度与养护中混凝土表面温度之差超过 20℃（当周围大气温度与养护中梁体混凝土表面温度之差超过 15℃）时，混凝土表面必须覆盖保温。

在炎热气候下浇筑混凝土时，应避免模板和新浇混凝土受阳光直射，入模前的模板与钢筋温度以及附近的局部气温不应超过 40℃。应尽可能安排傍晚浇筑而避开炎热的白天，也不宜在早上浇筑以免气温升到最高时加速混凝土的内部温升。在相对湿度较小、风速较大的环境下，宜采取喷雾、挡风等措施或在此时避免浇注面板等有较大暴露面积的构件。重要工程浇注混凝土时应定时测定混凝土温度以及气温、相对湿度、风速等环境参数，并根据环境参数变化及时调整养护方式。

混凝土冬季施工应采用蓄热保温措施进行浇筑和养护并使用低水灰比的混凝土，原则上不宜采用防冻剂。如气温低于－15℃而不得不使用时，则必须对防冻剂的性能进行严格的检验，防冻剂中氯盐和碱等有害物质的含量必须低于规定的限值。

此外，对于环境严重作用下采用大掺量粉煤灰的结构构件，在完成规定的养护期限后，仍宜在一段时间内采取适当的措施防止混凝土表面的水分蒸发（如喷涂养护膜或防水膜，避免暴晒、风吹等）。

5.4 基于耐久性能的构造设计要求

公路桥梁混凝土结构的构造设计应按照桥梁耐久性能及养护维修的具体要求进行，并遵循可检查性、可维修性和可更换性的基本原则。由此，对基于耐久性能的构造设计提出以下要求：

（1）考虑环境因素多维侵蚀的影响，构件边角区宜采用较大的角度过渡；

（2）桥梁防水系统必须综合考虑排水和防水两个方面，并保证其构造易于维护、清扫及更换；

(3)桥梁伸缩缝的构造设计需从可更换、可维修的角度出发,允许其在部分桥面通车的情况下可以进行更换;

(4)桥梁支座的构造设计需从可更换、可维修的角度出发,在墩顶或盖梁上应为工作人员预留操作平台,以便于支座的检查和维修;

(5)根据结构及构件特性选择适当的保护层厚度,在概念设计中对不同构件选取的保护层厚度需满足表 5.4-1 的要求,最终的合理保护层厚度需通过耐久性作用的极限状态复核后确定。

不同构件的最小保护层厚度建议值(单位:mm)　　表 5.4-1

设计使用年限	环境类别				
	碳化环境	氯盐环境	冻融环境	硫酸盐环境	磨蚀环境
一(100 年)	20	45	35	40	40
二(50 年)	20	40	30	35	35
三(30 年)	20	35	30	30	30

条文说明

桥梁的养护维修经验表明,病害越早发现,及时整治,所需费用就越少,并且不会影响结构的耐久性。因此,桥梁养护的重点首先要加强检查,使劣化和病害尽早被发现。这就需要在桥梁设计中确立使结构容易检查及维修的原则。除此之外,对于需要定期更换的构件还应该有恰当的措施来保证其便于更换,以提高桥梁的安全运营能力,降低运营维护费用。现代桥梁设计应统一考虑合理的结构布局和构造细节,强调使结构易于检查、维修,以保证桥梁的安全使用、尽可能地减少维修费用。

为实现这一目标,在设计和建造阶段就要挑战传统设计理念:设计工程师应确保结构具有六大特性,即可检查性、可维修性、可更换性、可加强性、可控制性及可持续性。对使用寿命低于结构使用寿命期的部件必须做到可检查、可维修、可更换。

除了更换要求,不论是桥梁的永久构件或需要中期更换的构件,都应该能让检查人员容易到达、进行检查和耐久性维护。桥梁设计时就应该为此创造必要的条件,如为更换支座应在盖梁上预留有放置千斤顶等提升设备的空间,也应尽量为工作人员留有操作平台,否则将大大增加后期维护的困难和费用。国内很多桥梁设计中没有考虑构件更换的需要,甚至没有设置检查所需的通道。对包括可更换部件的桥梁,应以临时设计状态校核它们安全更换时的可行性,并尽可能使更换对桥梁运营的影响降到最低。

基于耐久性能的构造设计不仅需要关注构件整体的布置与设计，还应保证自身耐久性能。大量工程实践和文献研究证明，钢筋锈蚀造成的混凝土结构性能退化已成为最突出的耐久性问题。而钢筋保护层无疑是混凝土结构抵抗外界环境侵蚀介质的第一道屏障。设计人员应在了解耐久性作用的基础上，结合自身设计经验，综合考虑环境区划、结构及构件形式、功能、重要程度、工程施工质量及养护等因素，着眼于结构全寿命周期的大局，初步确定保护层厚度，以便于后续开展不同环境条件下，结构的耐久性能极限状态验算。

在对构件进行耐久性初步设计时，可根据现行《公路钢筋混凝土及预应力混凝土桥涵设计规范》(JTG D62—2004)，并结合实际工程经验，针对结构特点及所处的环境条件，选取合适的钢筋保护层厚度，然后进行耐久性极限状态的验算，并根据验算结果对原设计方案中的保护层厚度进行调整，直到各种耐久性极限状态方程得到满足为止。

混凝土保护层是将钢筋与外界侵蚀介质隔绝的重要屏障，一旦混凝土保护层失效，则钢筋将迅速锈蚀，结构承载能力也将显著下降。因此，保护层厚度是混凝土桥梁结构耐久性设计的重要参数。针对不同环境条件，本指南提出了混凝土保护层最小厚度的建议值。

资料与实例 5.2　基于耐久性能的混凝土边角区构造设计

目前关于碳化和氯离子侵蚀常用的简化计算公式是基于一维的理论模型并进行简化和相关实验系数修正而得到的，对于混凝土构件边角区或者其余受二维侵蚀或三维侵蚀的部位，现行规范规定的耐久性公式精度不高。

现行研究表明，对于直角二维截面，角区最大碳化深度值约为一般边碳化深度值的 1.4 倍。在实际结构中，由于角区混凝土的施工质量难保证，该比值一般大于 1.4，有关资料的实测值为 1.4～1.8。通过对角度的研究，结果表明，角度越大，边角区的侵蚀深度越小。对于碳化和氯离子侵蚀，采用钝角要好于直角，采用直角要好于锐角。因此，构件边角区宜采用较大的角度过渡，对于常用的直角形式，可以采用倒角和圆弧过渡的方式来改善(见图 5.4-1)。

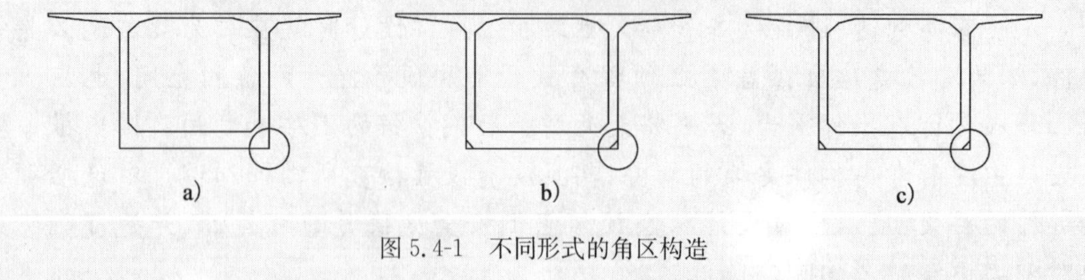

图 5.4-1　不同形式的角区构造

对于边角区或几何形状复杂的部位的多维侵蚀影响宜采用实测值或根据数值模拟的方法(附录 A)确定。与传统一维计算公式相比,二维或三维数值模拟方法能更准确地描述碳化进程或氯离子在混凝土中的扩散行为,特别在结构的角点等几何构造较为复杂的区域,二维或三维数值模拟具有更好的适应能力,可以取得较高的计算精度,符合工程要求。

资料与实例 5.3　大箱梁构造设计

大箱梁桥梁结构在横向采用单箱形式,其整体性好、结构刚度大、行车平顺舒适、养护简易以及抗震能力强,因此被广泛采用。然而在国内外所建的预应力混凝土连续箱梁桥中,经常出现各种裂缝。而裂缝的出现,往往会增加了腐蚀介质、水分和氧气的渗入,加快腐蚀的发生,促进腐蚀的发展,使腐蚀开始时间提前,继而引起保护层脱落,结构承载力下降,从而对结构造成损伤。

这些裂缝大致可分为非荷载裂缝和荷载裂缝两种。非荷载裂缝包括混凝土收缩裂缝、锈胀裂缝、集料膨胀引起的裂缝(碱集料反应)以及大体积混凝土水化热引起的裂缝。选用合适的建筑材料和运用正确的施工方法可以避免非荷载裂缝的产生。荷载裂缝类型比较多,包括正截面裂缝、斜截面裂缝、预加应力不足引起的裂缝、锚下应力集中引起的裂缝、混凝土受压裂缝、桥面纵向裂缝以及支座变位引起的裂缝等。荷载裂缝中有一些是因为没有采用正确合理的计算图式、适当的构造细节以及正确的施工方法而造成的,这些裂缝可以避免。还有一些则是现阶段设计理论缺陷而不能避免,通过完善现阶段的计算理论可以减少这些裂缝的产生。因此,对连续箱梁桥进行抗裂设计很有必要。

近年来,随着大跨径预应力混凝土连续箱梁桥(包括连续梁、连续刚构、刚构一连续组合体系)的大量修建,所暴露出的裂缝问题中结构底板开裂较为突出,如图 5.4-2 所示为底板 3 种典型的开裂破坏形式。引起底板开裂的原因主要有:

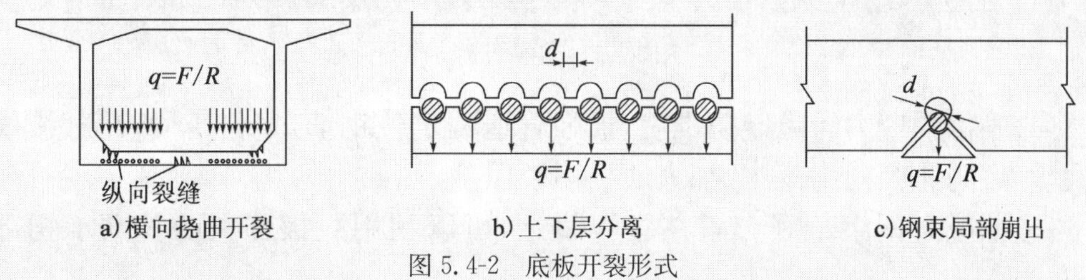

图 5.4-2　底板开裂形式

(1)计算时所采用的平面杆系有限元程序无法准确反映箱梁的空间应力状态。当底板较宽时,剪力滞效应显著和纵向钢束横向分布不均匀时,用平面杆系计算的应力与实际应力有较大出入。

(2)对预应力钢束引起的底板径向力的不利影响估计不足。

(3)底板钢束布置过密,使底板压应力过大。

(4)箱梁底板的防崩钢筋(也称箍筋)构造设计存在不足:①防崩钢筋直径偏小,数量偏少;②防崩钢筋与底板上、下层钢筋未紧密连接,甚至没有箍住底板上、下层的横向钢筋,难以发挥抵抗径向力的作用;③在腹板和承托范围内未布置防崩钢筋;④防崩钢筋采用闭合箍时,其接头置于下方,无连接要求,实际施工时也没有焊接;⑤底板上、下缘的横向钢筋偏弱。

(5)施工质量不过关,造成波纹管的安装位置与设计出入大,或者随意变动或取消了部分防崩钢筋,或者保护层厚度与设计不符等。

为预防底板外崩开裂,除了要做到在设计时应建立实体模型进行校核以及在施工时确保施工质量之外,在结构的构造设计中还应该做到以下几点:

(1)曲线形桥梁在设计时,除构造筋之外,应通过计算设置专门的防崩钢筋防止力筋崩出。

(2)底板防崩钢筋的直径不应过小,建议采用两端带135°弯钩的直径ϕ14mm或更大直径的HRB335钢筋,弯钩直线段长应不小于10cm。并且在波纹管密集区,不能随意改变防崩钢筋位置和数量。防崩钢筋应将底板上、下层纵横钢筋的交汇点卡在箍筋的弯钩内,其纵、横向间距不宜大于30cm。防崩钢筋两端弯钩与纵横钢筋交汇点处应有部分交汇点点焊,剩余部分绑扎。

(3)防崩钢筋也可按图5.4-3b)所示设计,将每根预应力管道牢牢圈住,防止预应力束的崩出。

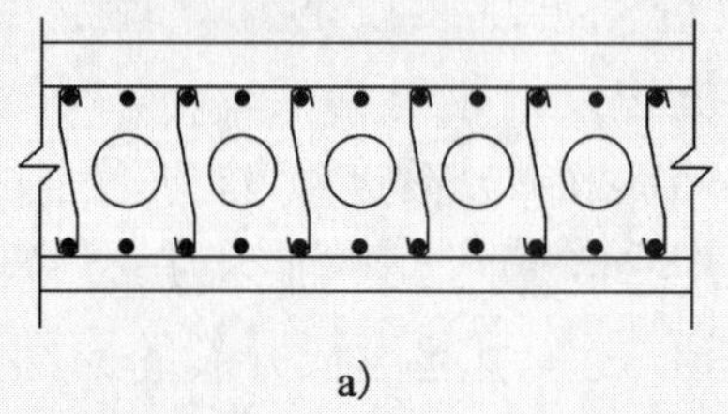

a)

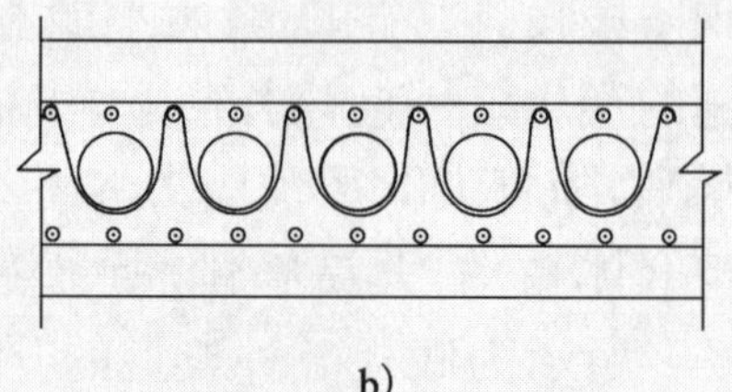

b)

图5.4-3 防崩钢筋设置

(4)确保预应力管道定位准确,加强管道的定位钢筋,定位牢固,严禁波纹管出现折点,防止径向力集中,加大底板崩裂风险。

(5)预应力钢束最好布置在腹板附近,可以利用腹板强大的箍筋承担部分应力。

(6)在底板曲率半径最小处,如跨中附近可增设横隔板,使底板与腹板、顶板形成整体共同承受径向力。

(7)当径向力确实影响很大时,可以考虑在底板增设横向预应力钢筋。

(8)底板上尽可能避免在竖向布置双层或多层预应力束。

(9)在底板上可设置备用管道,并按永久束设计,长期保留,以备施工过程及使用阶段出现非正常情况时使用。

(10)底板束应尽量避免在拉应力较大区域锚固。同一断面上锚固总吨位不宜太大,还应有较强的纵向普通钢筋通过锚固断面,以避免齿板处底板开裂。

除了应进行抗裂设计外,箱梁桥在设计时还应该注意截面优化以及防排水问题。截面拐角处应采用弧形倒角,一方面利于构件脱模,另一方面减少了拐角处应力集中以及侵蚀性物质在边缘和拐角处的渗入。翼板下缘应设置滴水槽以阻断水流向下流入。箱梁内部还应设置通气孔或泄水孔(图 5.4-4 所示),防止过多的水集中于里面。

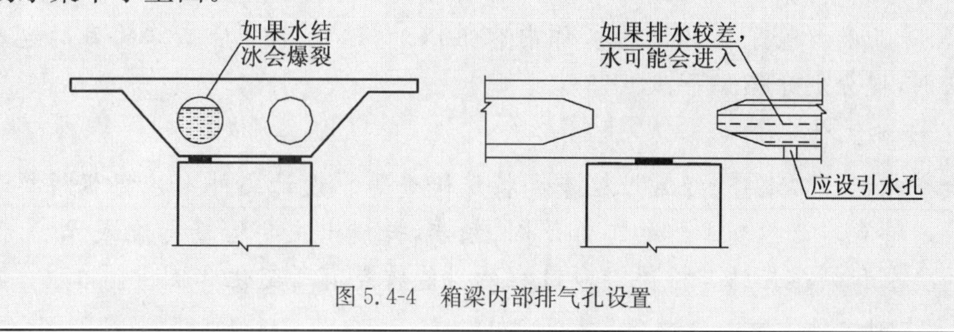

图 5.4-4　箱梁内部排气孔设置

5.5　基于耐久性能的管养设计要求

公路桥梁混凝土结构的管养设计应基于总体成本优化的原则,针对不同的构件制定不同的管养对策。在管养设计中,应明确寿命周期中各项管养工作的类型,并明确基本工作范围和目标。具体而言,基于耐久性能的管养设计需满足以下要求:

(1)针对不同的桥梁类型,制定不同的管养策略。如针对小型桥梁,可采用定期检查维护的方针;对大型桥梁,可建立桥梁长期健康监测站,根据实时监测结果制定更具针对性的管养策略。

(2)根据不同的构件类型采取不同的管养方针,如对永久性构件或重要系数高的构件,需采取更为全面的管养措施。

(3)在管养设计中,应考虑到桥梁性能在运营期间存在的不确定性,并根据结构构件的重要程度、性能要求、寿命周期等因素制定相应的额外对策,以保障桥梁性能的稳定性。

(4)对在桥梁运营期间涌现出来的管养新技术,应在保证应用安全的前提下使用,并在应用新技术后调整原有管养策略。

（5）应定期对桥梁结构构件在运营期间出现的裂缝进行检查，在发现裂缝之后，应对其形成原因做出研究，并有针对性地采用管养措施进行控制与修复。

（6）在桥梁运营期间，应根据实时经济情况，选择成本最优的管养措施。

条文说明

桥梁在使用过程中受到环境和荷载作用，材料和结构性能将不断退化。监测、养护和维修是确保构件正常工作，并且使全桥达到预期寿命的重要工作。开展管养工作的目的为保证桥梁及其构件在寿命周期过程中满足性能要求，桥梁的寿命周期性能在很大程度上依赖于管理和养护。从工作主要内容、目的、频率、方法等方面考虑，桥梁寿命周期的管养工作可分为养护、检查、监测、检测、维修、更换、拆除等几类。除了在具体的工作内容上以外，这几类管养工作的目的也有显著的区别，现分别介绍如下：

1　检查工作

检查包括日常巡查、经常性检查和特殊检查等。设计文件中应根据桥梁和构件的使用特点建议检查工作的工作范围、频率，并提出主要检查标准或预警标准。检查的要求和频率应结合桥梁寿命过程的性能特点有所变化和侧重。

2　监测工作

监测是对桥梁结构响应或外部作用数据的获取，主要包括短期监测和长期监测（健康监测）。短期监测以获得关键的设计作用或响应参数为目的；长期监测主要针对特殊重要桥梁，以保证安全和使用性能为主。监测设计应明确主要监测的指标、监测要求和启动监测项目的主要依据（针对短期监测）。

3　检测工作

检测以直接获得作用或响应数据为目标，以对结构性能进行验证为主要目的。检测设计要求应明确检测要求和启动检测要求的主要依据，并对获取检测结果后的对策提出建议。

4　养护工作

养护是维持桥梁和构件正常工作条件的重要周期性工作。养护设计应明确养护工作的范围、内容和频率。对于重要养护或特殊内容，设计文件应明确具体方法。

5　维修工作

维修应依照某种退化或损坏征兆（或性能指标）启动。维修设计中应明确主要构件启动维修过程的基本依据、主要方法和验收标准。对可能涉及结构安全的构件维修工作，应明确维修实施过程和相关的保护条件。

6　更换工作

更换设计应按计划或某种退化和损伤征兆(或性能指标)启动。更换设计中应明确更换过程启动的基本依据、更换要求和更换过程。对于所有可更换构件(III 类、IV 类构件)应按短暂状态验算更换过程的结构性能。

资料与实例 5.4　不同构件的管养设计

在桥梁寿命周期设计理论的框架下，针对不同构件制订的管养要求对耐久性设计过程提出了构造方面的要求，即构造设计必须为可能的管养工作提供必要的便利条件。这些条件包括但不限于：通行、照明、工作空间、可视条件等，相关的构造尺寸等应符合人体工程学和现有技术和方法的一般要求。

桥梁构件可根据运营阶段可能涉及的管养工作以及难易程度分为如下四类(见表 5.5-1)。

构件的可能管养工作内容　　表 5.5-1

工作内容＼构件类别	I类构件	II类构件	Ⅲ类构件	IV类构件
检查	否	可	可	可
监测	困难	可	可	可
检测	困难	可	可	可
养护	否	可	可	可
维修	否	可	可	可
更换	否	否	可	可
拆除	困难	可	可	可

1　I 类构件管养构造设计策略

I类构件不可更换、不可养护、不可维修，检测和监测困难，设计过程中应确保其在桥梁寿命周期内能够保证满足其设计性能要求，并有一定的保证率。对于此类构件，在耐久性设计中，应按不利情况考虑其退化过程，并配置足够的使用寿命保证措施。

2　II 类构件管养构造设计策略

II类构件不可更换但可检测、检查、养护、维修，构件设计中仍应确保在桥梁寿命周期内满足其设计性能，可以通过适当的维修和养护措施恢复性能。此类构件设计应考虑维修、养护工作的条件，对性能预测是应充分考虑构件退化开始后，其退化规律(速率)可能随着退化程度的变化发生变化，构件性能也可能受到影响。

3　Ⅲ类构件管养构造设计策略

可更换构件应从构造设计上保证其主要性能指标的可检性。设计过程中应明确其性能评价的主要指标及其理论范围，以便在管理过程中根据实际状态值进行其性能评价，并进行管养决策。对更换周期相近的构件应考虑统一更换周期，以方便工程实施组织。此类构件的性能是管养成本优化的主体，通过可检指标明确此类构件管养工作的必要性可以减少不必要的管养工作，优化管养成本。

4　Ⅳ类构件管养构造设计策略

Ⅳ类构件更换频率较高，设计过程中应详细考虑其更换过程，并提供更换便利，降低更换成本。应考虑构件更换时对交通的影响，并通过构造设计简化更换程序、提高更换速度，最大限度地降低更换成本。

6 耐久性环境作用区划

6.1 耐久性环境作用的等级区划

本指南中耐久性环境作用的等级区划主要针对五类环境劣化类型，分别为碳化作用、氯盐侵蚀作用、冻融循环作用、硫酸盐腐蚀及磨蚀作用。针对不同的劣化形式，本指南分别给出了不同的等级区划。

条文说明

耐久性环境作用的等级区划是根据环境对混凝土结构的作用效应划分区域，并结合结构自身特性，如结构形式、功能及重要性等，给出各区域混凝土耐久性能指标与构造措施的规定。建立混凝土结构的耐久性作用环境区划，应遵循以下原则：

(1)根据实际自然环境(包括水文、气候和地理环境等)条件，反映混凝土结构耐久性能劣化在时空上的不均匀分布。

(2)综合考虑环境作用对材料、构件和结构层次的耐久性能影响。

(3)借鉴已有的结构设计原则，考虑结构形式、功能、重要程度以及经济等因素，实现结构全寿命周期成本最优化。

耐久性作用的环境区划应充分考虑结构所处的环境及其对结构耐久性能的影响程度，将区域共性与结构个性相结合，是普遍适用于钢筋混凝土结构的设计准则。

6.2 区划方法

本指南采用基于环境作用影响系数的方法对五种典型环境劣化类型进行了环境区划，并采用图表结合的方式确定环境影响系数。对于有环境参数的情况，可参照本指南的环境作用等级表确定相应的耐久性作用等级；若缺乏有效的环境参数，可参见耐久性作用的区划图确定环境作用及其等级。

条文说明

本指南分别采用基于耐久性作用和基于环境作用影响系数两种方法研究了耐久性作用的环境区划。其中，基于耐久性作用的区划方法，是在收集大量的气象和环境资料的基础上，结合环境实地调查结果，通过获得典型城镇主要环境作用的指标参数值插值计算其他地区的环境作用指标参数值，进而得到混凝土损伤的环境作用代表值分布图。整个过程涉及较多的繁琐计算，给实际工程应用带来了一定的难度。

鉴于耐久性作用影响因素的复杂性及局部环境影响的重要性，本指南采用基于环境作用影响系数的区划方法，即根据环境作用类别划分环境区域，依据环境作用的主要影响因素的严重程度，确定环境影响系数，进而划分作用等级的方法。该方法是在借鉴已有国内外规范成果的基础上，结合相关研究，针对不同环境作用的影响程度，以图、表的形式给出了环境作用影响的建议值，在确定影响耐久性作用的主要因素基础上，体现了局部环境的差异，概念清晰，便于设计及施工人员掌握。

此处，以碳化作用为例，按照本条文的方法进行环境区划，具体步骤如下：

(1)混凝土结构的服役环境复杂多样，影响因素也各不相同。根据已有文献，引起混凝土结构性能劣化的耐久性作用可分为碱骨料反应、碳化、氯盐侵蚀、冻融破坏、硫酸盐腐蚀和流水(砂)磨蚀等。因此，亦可按照主要耐久性作用划分结构的服役环境类别。碳化作用就是其中一种。

(2)从碳化机理可知，影响混凝土碳化进程除了材料本身的因素外，环境因素包括相对湿度 RH、CO_2 浓度、温度。

分析环境因素对混凝土碳化进程的影响可知：研究表明，环境中 CO_2 浓度越大，碳化速度越大。但是，对于某结构而言，从长期来看环境中的 CO_2 浓度的变化较小，其影响可以忽略；温度升高可提高碳化反应的速度，更主要的是加快 CO_2 的扩散速度。在相对湿度不变的条件下，随着温度的升高(10～60℃)，混凝土的碳化速度显著增大，二者近似成正比；相对湿度影响混凝土孔隙饱和度，一方面影响 CO_2 的扩散速度，另一方面影响了需要在溶液或固—液界面上进行的化学反应速度。环境相对湿度过高或过低，都会抑制碳化的发展。多数学者的研究表明，相对湿度是影响碳化作用的主要因素。因此，将相对湿度作为碳化作用等级划分的依据。

(3)有研究表明，碳化速度与相对湿度的关系呈抛物线状，在 40%～60%的相对湿度条件下碳化速度较快，50%时达到最大值(如图 6.2-1 所示)。于是，根据相对湿度对混凝土碳化进程的影响规律，引入环境分项系数 γ_c，确定碳化环境作用等级。

由此,可获得如表 6.3-1 和表 6.4-1 所示的混凝土结构环境区划及碳化作用等级。其他环境作用亦可参照上述步骤进行等级划分。

综上所述,本条文方法对气象资料的需求量不多,但要确定影响环境作用的主要因素及其机理,以便设计人员在较短时间内判定结构所处的环境作用类型及作用等级。

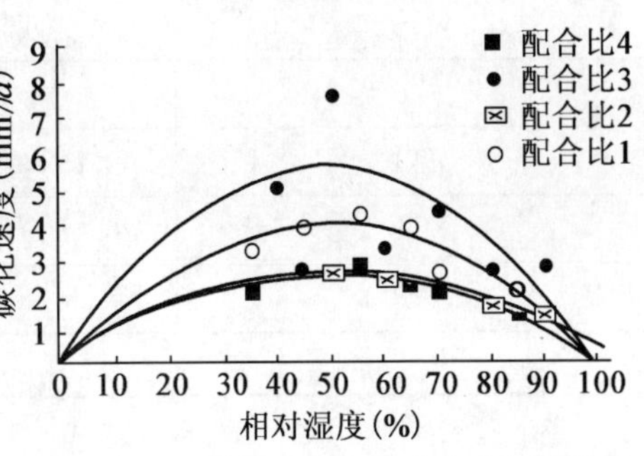

图 6.2-1 环境相对湿度对碳化速度的影响

采用特殊材料、特殊形式的重要桥梁结构,应进行实地调研后,确定桥址环境的耐久性作用及其等级。

6.3 环境类别

根据影响耐久性能的主要环境因素,将结构的服役环境划分为五类,其类型特征如表 6.3-1 所示。

环 境 类 别 划 分 表 6.3-1

类　　别	名　　称	对材料的腐蚀作用
XT	碳化环境	碳化引起钢筋的锈蚀
XL	氯盐侵蚀环境	氯盐引起钢筋锈蚀
XD	冻融环境	反复冻融导致混凝土损伤
XS	硫酸盐腐蚀环境	硫酸盐、酸等化学物质引起的腐蚀
XM	磨蚀环境	磨耗与空蚀引起混凝土损伤

条文说明

由于地域差别,各地的环境条件在空间和时间上存在不均匀分布。混凝土结构耐久性能是一个随服役时间增长而不断劣化的过程。例如,结构中的钢筋锈蚀就是典型的随时间积累的过程。其他的劣化过程,如氯盐侵蚀、冻融等也反映出空间上的不均匀性。

因此,将环境条件的分布与结构耐久性的劣化过程相结合,建立统一的环境区划标准,已成为完善与发展混凝土结构耐久性能设计与评估方法的首要任务。

6.4 耐久性作用等级

6.4.1 碳化作用

根据影响碳化进程的主要环境因素,划分碳化作用影响的严重程度,如表 6.4-1所示。混凝土桥梁碳化环境等级划分图如图 6.4-1 所示。

碳化环境作用等级　　表 6.4-1

等　　级	相对湿度(RH)	环境影响系数 γ_t
XT1	$0<RH\leqslant20\%$ 或 $80\%<RH<100\%$	0.8
XT2	$20<RH\leqslant40\%$ 或 $60\%<RH\leqslant80\%$	0.9
XT3	$40<RH\leqslant60\%$	1.0

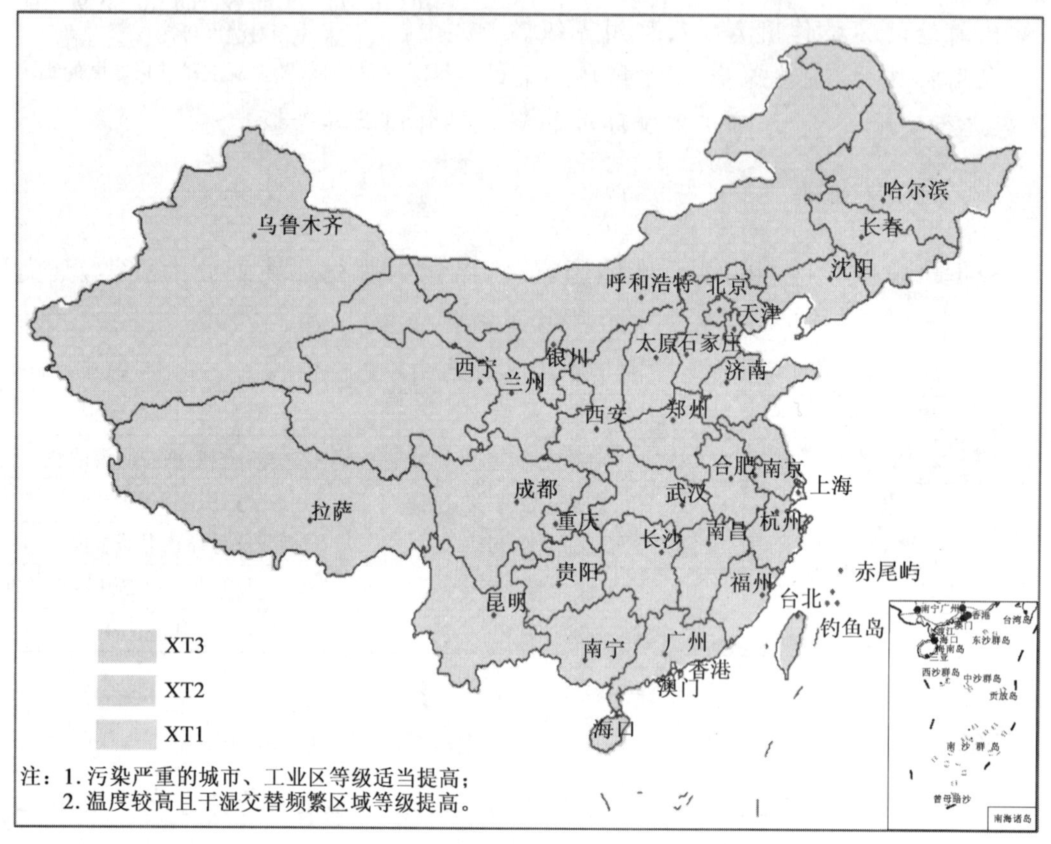

图 6.4-1　混凝土桥梁碳化环境等级划分图

条文说明

国内外学者开展的大量试验研究表明，影响混凝土碳化的环境因素包括 CO_2 浓度、温度和相对湿度，其中，相对湿度的影响最为显著。对于暴露于大气环境中的混凝土桥梁结构而言，CO_2 浓度的差异较小，而温度的影响是以相对湿度为前提的。因此，将相对湿度作为碳化环境等级划分的依据。

6.4.2　氯盐侵蚀作用

根据环境中的氯离子浓度，划分氯盐侵蚀作用等级，如表 6.4-2 所示。

氯盐侵蚀环境作用等级　　表 6.4-2

等　级	氯离子浓度[Cl^-]	环境影响系数 γ_l
XL1	0%～1.0%	1.0
XL2	1.0%～1.5%	1.2
XL3	1.5%～2.0%	1.6
XL4	2.0%～3.0%	2.0

注:氯离子浓度为相对胶凝材料质量的百分比。

条文说明

氯离子侵入混凝土的方式主要有扩散、渗透和吸附,其中以扩散为主。扩散是液体或气体在浓度梯度驱动下的定向移动,其也是国内外学者建立氯离子侵入模型的理论依据。因此,外界环境与混凝土结构内部环境之间的氯离子浓度差成为氯离子侵入混凝土的动力源,本指南采用氯离子浓度作为等级划分的标准反映了环境作用的差异和氯离子侵入的动力特征。

6.4.3 冻融循环作用

冬季处于频繁温度变化的地区,以最冷月平均气温为标准划分冻融循环破坏的严重程度,如表 6.4-3 所示。冻融循环环境等级划分图见图 6.4-2。

冻融循环作用等级　　表 6.4-3

等　级	最冷月平均气温	环境影响系数 γ_d	
		淡水环境	海水环境
XD1	微冻地区(−3℃≤t≤2.5℃)	1.0	1.1
XD2	寒冷地区(−8℃＜t＜−3℃)	1.1	1.3
XD3	严寒地区(t≤−8℃)	1.3	1.5

条文说明

已有的大量文献和西部交通科技项目“桥梁耐久性关键技术研究”中针对“耐久混凝土材料组分和配合比优化设计”的研究均表明,冻融破坏是混凝土在负温和正温的交替循环作用下,混凝土从表层开始发生剥落、结构疏松、强度降低,直到破坏的一种现象。因此,依照最冷月平均气温划分冻融环境等级能够反映环境作用的严酷程度,且便于设计和工程人员使用。

6.4.4 硫酸盐腐蚀作用

根据环境中硫酸盐浓度,划分混凝土结构受影响的严重程度,如表 6.4-4 所

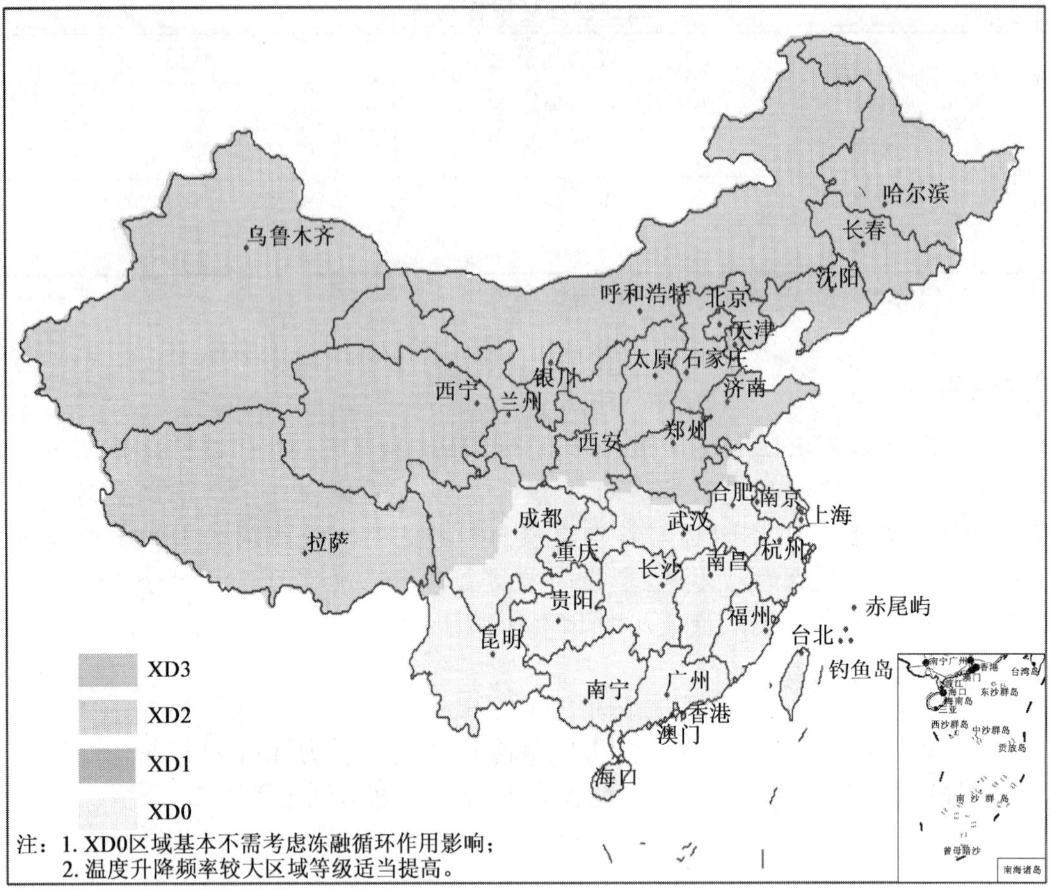

注：1. XD0区域基本不需考虑冻融循环作用影响；
2. 温度升降频率较大区域等级适当提高。

图 6.4-2　混凝土桥梁冻融循环环境等级划分图

示。混凝土桥梁硫酸盐腐蚀环境等级划分图见图 6.4-3。

硫酸盐腐蚀环境等级划分　　表 6.4-4

等　级	硫酸盐含量		环境影响系数 γ_s
	土壤中的水溶性 SO_4(%)	水中的 SO_4(ppm)	
XS1	＜0.10	＜150	1.0
XS2	0.10～0.20	150～1500	1.2
XS3	0.20～2.00	1500～10000	1.4
XS4	＞2.00	＞10000	1.6

条文说明

实际环境中除硫酸盐外，还含有酸根、镁盐等有害离子，因此，耐久性能设计时应考虑多种侵蚀性离子的耦合作用。对有特殊要求的混凝土结构，环境作用影响系数宜在本条目基础上经专门研究后确定。

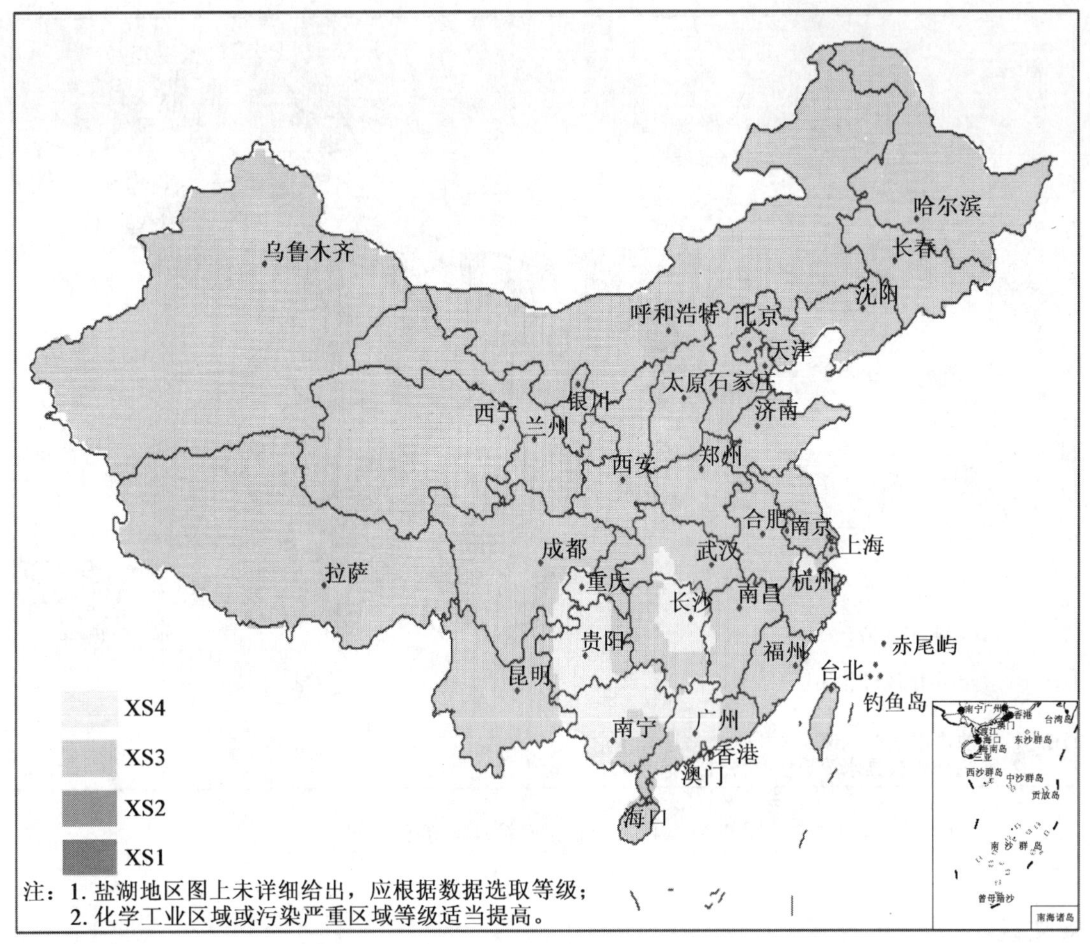

图 6.4-3　混凝土桥梁硫酸盐腐蚀环境等级划分图

6.4.5　磨蚀作用

磨蚀作用等级如表 6.4-5 所示。磨蚀环境等级划分图见图 6.4-4。

磨蚀环境等级划分　　表 6.4-5

类别名称	环境条件特征		环境影响系数 γ_m
XM1	风蚀(有砂情况)	风力等级≥7 级，且年累计刮风时间大于 90d	1.0
		风力等级≥9 级，且年累计刮风时间大于 90d	
XM2	流冰冲刷	被强烈流冰撞击、磨损、冲刷(冰层水位下 0.5m 至冰层水位上 1.0m)	1.1
XM3	风蚀(有砂情况)	风力等级≥11 级，且年累计刮风时间大于 90d	1.2
	泥沙冲刷	被大量夹杂泥沙或物体磨损、冲刷	

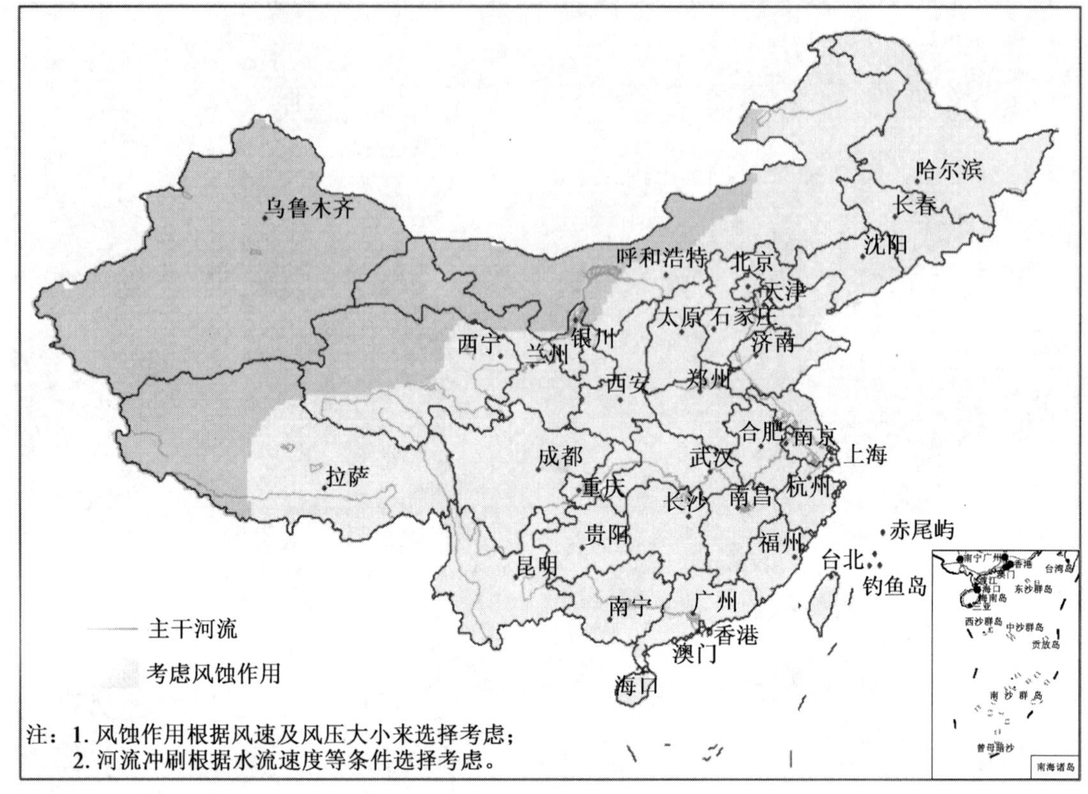

图 6.4-4　混凝土桥梁磨蚀环境等级划分图

条文说明

混凝土结构的磨蚀是环境因素造成的物理破坏现象，本条目参考了《水工混凝土试验规程》(DL/T 5150—2001)和本项目研究成果《桥梁结构用耐久性混凝土设计与施工手册》(人民交通出版社，2012)。

7 耐久性混凝土材料的选用

7.1 碳化环境中混凝土材料的选用

碳化环境中混凝土材料的选用除符合一般原则要求外，尚应满足以下规定：

(1)碳化环境下除长期处于潮湿环境、水中环境或潮湿土中环境的构件外，应尽量减小混凝土中的粉煤灰掺量；

(2)碳化环境下，应严格控制混凝土拌和料中因各种原材料(水泥、矿物掺和料、集料、外加剂和拌和水等)引入的水溶性氯离子总量；

(3)碳化环境下结构混凝土的强度等级不宜低于C30，最大水胶比和最小胶凝材料用量应满足表7.1-1的规定。

混凝土的最大水胶比和最小胶凝材料用量(kg/m^3) 表7.1-1

环境类别	环境作用等级	设计使用年限					
		一(100年)		二(50年)		三(30年)	
碳化环境	XT1	0.45	320	0.50	300	0.55	280
	XT2	0.40	340	0.45	320	0.50	300
	XT3	0.36	360	0.40	340	0.45	320

条文说明

本条文中涉及的碳化环境作用等级的划分见本指南第6章相关内容。

对碳化环境中的混凝土，可以采用除水胶比之外的材料性能参数对其耐久性能进行表征，进而提出混凝土材料需满足的对应指标。参照《桥梁结构用耐久性混凝土设计与施工手册》(人民交通出版社，2012)的相关条目，也可参照《混凝土结构检测评定标准》(JGJ/T 193—2009)的规定，提出如表7.1-2所示的抗碳化性能指标。

混凝土抗碳化性能指标 表7.1-2

性能参数 \ 环境作用等级	XT1	XT2	XT3
电荷量(56d，C)	<800	<800	<800
D_{RCM}($\times10^{-12}$m^2/s)	5～8	4～5	<4
渗透高度(mm)	6～30	≤6	≤6

7.2 氯盐侵蚀环境中混凝土材料的选用

海水、除冰盐和其他氯盐环境下，混凝土材料的选用除符合一般原则要求外，尚应满足以下规定：

(1)不宜单独采用硅酸盐或普通硅酸盐水泥作为胶凝材料配制混凝土，应掺加大掺量或较大掺量矿物掺和料，并宜加入少量硅灰，海水环境下也不宜单独采用抗硫酸盐硅酸盐水泥；

(2)氯盐侵蚀环境作用下，应严格控制混凝土拌和料中因各种原材料(水泥、矿物掺和料、集料、外加剂和拌和水等)引入的水溶性氯离子总量；

(3)氯盐锈蚀环境严重作用下的混凝土，不宜采用抗渗性较差的岩质(如花岗岩、砂岩等)作为粗、细集料；

(4)特殊情况下，对处于氯盐环境作用等级为 XL3、XL4 中的钢筋混凝土构件，应采取可靠的防腐蚀附加措施；

(5)氯盐侵蚀环境中结构混凝土的强度等级不宜低于 C35，最大水胶比和最小胶凝材料用量应满足表 7.2-1 的规定。

混凝土的最大水胶比和最小胶凝材料用量(kg/m^3)　　表 7.2-1

环境类别	环境作用等级	设计使用年限					
		一(100 年)		二(50 年)		三(30 年)	
氯盐环境	XL1	0.45	320	0.50	300	0.50	300
	XL2	0.40	340	0.45	320	0.45	320
	XL3	0.36	360	0.40	340	0.40	340

条文说明

本条文中涉及的氯盐侵蚀环境作用等级的划分见本指南第 6 章相关内容。

同样地，对氯盐侵蚀环境中的混凝土，可以采用除水胶比之外的材料性能参数对其耐久性能进行表征，进而提出混凝土材料需满足的对应指标。根据《桥梁结构用耐久性混凝土设计与施工手册》(人民交通出版社，2012)，参考《混凝土结构耐久性设计与施工指南》(CCES 01—2004)、《混凝土耐久性检验评定标准》(JGJ/T 193—2009)、《混凝土结构耐久性设计规范》(GB 50476—2008)的相关条目，氯盐侵蚀环境中，混凝土的抗氯离子侵入指标应满足表 7.2-2 的要求，也可按表 7.2-3 中电荷量法评定。

混凝土抗氯离子侵入性指标 表 7.2-2

性能参数 \ 设计使用年限		一(100 年)	二(50 年)、三(30 年)
DRCM(84d,$10^{-12}m^2/s$)	XL1	5~8	8~12
	XL2	4~5	5~8
	XL3	<4	4~5

混凝土的电荷量 表 7.2-3

设计使用年限	一(100 年)		二(50 年)、三(30 年)
电荷量(56d,C)	<C30	<2000	<2500
	C30~C45	<1500	<2000
	≥C50	<1000	<1500

作为混凝土耐久性质量的一种控制标准,混凝土抗氯离子侵入性指标通常可用非稳态氯离子快速电迁移试验方法测得的氯离子扩散系数 DRCM 值表示,或用 ASTM1202 快速试验方法测得的电量表示。混凝土抗氯离子侵入性的指标也可用快速试验方法测得的扩散系数 DNEL 表示,或采用自然扩散法测得的非稳态氯离子扩散系数 *Dap*(或氯离子侵入深度)表示。

资料与实例 7.1 氯盐环境作用下配筋混凝土的配合比要求

根据《桥梁结构用耐久性混凝土设计与施工手册》(人民交通出版社,2012),对氯盐环境作用下配筋混凝土的配合比提出如下要求:

(1)氯盐锈蚀环境下的配筋混凝土应采用有较大掺量矿物掺和料的低水胶比混凝土。单掺粉煤灰的掺量不宜小于 25%(同时有抗冻要求时,粉煤灰掺量宜以 30%为限),单掺磨细矿渣的掺量不宜低于 50%,且宜复合使用粉煤灰加硅灰、粉煤灰加矿渣或两种以上的矿物掺和料。

(2)氯盐环境中钢筋混凝土氯离子含量不应超过水泥质量的 0.1%,预应力混凝土中氯离子的含量不应超过水泥质量的 0.06%。当环境无氯盐作用时,钢筋混凝土所用的水泥中氯离子含量不应超过水泥质量的 0.2%,预应力混凝土中氯离子含量不应超过水泥质量的 0.06%。

(3)钢筋混凝土的细集料不得使用未经冲洗的海砂,且冲洗后的氯离子含量应合格。预应力混凝土和一级设计基准期要求的重要工程严禁使用海砂。

(4)可能出现海水冰冻环境与除冰盐环境时,宜采用引气混凝土;当采用引气混凝土时,混凝土强度等级可降低一个等级,相应的最大水胶比可提高 0.05,但引气混凝土的强度等级和最大水胶比仍应满足表 7.2-1 的规定。

(5)特殊情况及重要结构的混凝土，可采用表面防护处理(防腐面层、硅烷浸渍、防水处理等)和环氧涂层钢筋、不锈钢钢筋等措施提供混凝土的耐久性能，具体可参见《公路工程混凝土防腐蚀技术规范》(JTG/T B07—01—2006)的相关条目。

7.3 冻融环境中混凝土材料的选用

冻融循环作用下，混凝土材料的选用除符合一般原则要求外，尚应满足以下规定：

(1)桥梁混凝土不宜采用火山灰质硅酸盐水泥；当采用矿渣硅酸盐水泥、粉煤灰硅酸盐水泥、火山灰质硅酸盐水泥时，宜同时掺加减水剂或高效减水剂。

(2)处于冻融循环下的重要工程混凝土，宜进行骨料的坚固性试验。

(3)冻融环境或者长期干湿交替环境中的混凝土结构，应对其细集料的碱含量进行控制。

(4)选用的引气剂或引气型外加剂应有良好的气泡稳定性，符合国家标准(GB 8076)中有关快冻试验检测的要求。用于提高混凝土抗冻性的外加剂、减水剂和复合外加剂内，均不得掺有木质磺酸盐组分，且不得采用含有氯盐的抗冻剂。

(5)冻融环境作用等级为 XD1 的混凝土可不加引气剂，冻融环境下环境作用等级为 XD2 及其以上的混凝土必须掺用引气剂，混凝土的强度等级均不宜低于 C40，最大水胶比和胶凝材料最小用量可按表 7.3-1 的规定取用。

混凝土的最大水胶比和最小胶凝材料用量(kg/m^3)　　表 7.3-1

环境类别	环境作用等级	设计使用年限			
		一(100 年)		二(50 年)	
冻融环境	XD1	0.45	320	0.50	300
	XD2	0.40	340	0.45	320
	XD3	0.36	360	0.40	340

条文说明

本条文中涉及的冻融环境作用等级的划分见本指南第 6 章相关内容。

对冻融环境中的混凝土，可以采用除水胶比之外的材料性能参数对其耐久性能进行表征。对有抗冻要求的混凝土结构，其抗冻耐久性系数应符合表 7.3-2 的规定；引气混凝土，其含气量与气泡间距系数需符合表 7.3-3 的要求。其他处于室外环境特别是化学腐蚀环境下的混凝土虽无抗冻要求，也可通过引气(含气量不小于 4%)提高其耐久性。

混凝土抗冻性的耐久性指数 *DF*(%) 表 7.3-2

使用年限级别	一(100 年)			二(50 年)			三(30 年)		
环境条件	高度饱水	中度饱水	盐或化学腐蚀下冻融	高度饱水	中度饱水	盐或化学腐蚀下冻融	高度饱水	中度饱水	盐或化学腐蚀下冻融
XD1	60	60	70	50	40	60	50	40	50
XD2	70	60	90	60	60	80	60	40	70
XD3	80	70	90	70	60	80	60	50	70

混凝土适宜含气量(%)(允许误差±1%) 表 7.3-3

环境条件 / 骨料最大粒径(mm)	混凝土高度饱水	混凝土中度饱水	盐或化学腐蚀下冻融
10	7.0	5.5	7.0
15	6.5	5.0	6.5
25	6.0	4.5	6.0
40	5.5	4.0	5.5

抗冻混凝土耐久性指数 *DF* 为 300 次快速冻融循环后的动弹性模量与初始值的比值。如在 300 次循环以前,试件已达到快冻法的破坏标准,则以此时的循环次数 *N* 计算 *DF* 值,并取 $DF=N/300\times0.6$。快速冻融循环试验的方法可参照水工混凝土试验标准,试件自现场或模拟现场混凝土构件中取样,如在实验室制作,试件养护温度及试验龄期需按实际工程情况选定。对海水或化学腐蚀下冻融环境,试验时用于浸泡试件的水需用海水或含化学物质,其浓度取与实际工程环境中相同。

高度饱水指冰冻前长期或频繁接触水或湿润土体,混凝土体内高度水饱和;中度饱和指冰冻前偶受雨水或潮湿,混凝土体内饱水程度不高;盐冻指接触海水、除冰盐或其他化学腐蚀物质下的冻融情况。

气泡间距系数在高度饱水、中度饱水和盐冻条件下分别不宜大于 250μm、300μm 和 200μm。

气泡间距系数为从现场或模拟现场的硬化混凝土中取样或取芯测得的数值。测定方法可参照有关标准。

掺引气型外加剂的混凝土拌和物的含气量应满足设计和施工工艺的要求。混凝土拌和物含气量的检测方法应按现行国家标准《普通混凝土拌和物性能试验方法》(GB/T 50080)的规定进行。检测结果与要求值的允许偏差范围应为±1.5%。

7.4 硫酸盐腐蚀环境中混凝土材料的选用

硫酸盐腐蚀作用下,混凝土材料的选用除符合一般原则要求外,尚应满足以下规定:

(1)宜使用抗硫酸盐水泥或高抗硫酸盐水泥,不宜使用早强水泥,宜掺加矿物掺和料,且水泥和矿物掺和料中,不得加入石灰石粉;

(2)当环境作用等级超过 XS3 时,应根据当地的大气环境和地下水变动条件,经专门试验研究和论证后确定水泥的种类和掺和料用量,且不应使用高钙粉煤灰;

(3)硫酸盐腐蚀环境中混凝土的最大水胶比和胶凝材料最小用量可按表 7.4-1 的规定取用。

混凝土的最大水胶比和最小胶凝材料用量(kg/m³)　　表 7.4-1

环境类别	环境作用等级	设计使用年限			
		一(100 年)		二(50 年)	
硫酸盐腐蚀环境	XS1	0.45	320	0.50	300
	XS2	0.40	340	0.45	320
	XS3	0.36	360	0.40	340
	XS4	0.32	380	0.36	360

条文说明

本条文中涉及的硫酸盐腐蚀环境作用等级的划分见本指南第 6 章相关内容。

对硫酸盐腐蚀环境中的混凝土,可以采用除水胶比之外的材料性能参数对其耐久性能进行表征,进而提出混凝土材料需满足的对应指标。参照《水工混凝土试验规程》(DL/T 5150—2001),评价水平可参见《桥梁混凝土耐久性配合比设计指南》的规定,硫酸盐腐蚀环境中结构混凝土应按照表 7.4-2 的要求进行评定。

混凝土的抗硫酸盐性等级　　表 7.4-2

抗硫酸盐性等级	S1	S2	S3	S4
胶凝材料的抗蚀系数	<1.0	1.0～1.1	1.2～1.3	>1.4
试件膨胀率	>0.4%	0.4%～0.35%	0.34%～0.25%	≤0.25%

7.5 磨蚀环境中混凝土材料的选用

磨蚀作用下,混凝土材料的选用除符合一般原则要求外,其配合比的选取需按表 7.5-1 的规定取用。

混凝土的最大水胶比和最小胶凝材料用量(kg/m³) 表 7.5-1

环境类别	环境作用等级	设计使用年限			
		一(100 年)		二(50 年)	
磨蚀环境	XM1	0.40	340	0.45	320
	XM2	0.36	380	0.40	340
	XM3	0.32	380	0.36	380

条文说明

本条文中涉及的磨蚀环境作用等级的划分见本指南第 6 章相关内容。

对磨蚀环境中的混凝土,除水胶比之外,可采用磨蚀率对混凝土耐久性能进行表征。参照《水工混凝土试验规程》(DL/T 5150—2001)与《桥梁结构用耐久性混凝土设计与施工手册》(人民交通出版社,2012)中的相关规定,可对耐久性混凝土的磨蚀率提出如表 7.5-2 中所示的要求。

混 凝 土 磨 蚀 率 表 7.5-2

强度等级	≥C50	C40	C30
磨蚀率(kg/m²)	≤1	≤1.8	≤3.6

8　耐久性作用的极限状态设计

8.1　碳化作用的极限状态设计

8.1.1　碳化作用的设计要求

碳化是大气环境中混凝土结构普遍存在的耐久性问题，对于一般的暴露混凝土结构应选取典型部位进行碳化作用的耐久性能设计。

条文说明

对于长期暴露在大气环境中的混凝土桥梁结构而言，碳化无疑是最普遍存在的耐久性作用。碳化会降低混凝土的碱度，破坏钢筋表面的钝化膜，使混凝土失去对钢筋的保护作用，给混凝土中钢筋锈蚀带来有利影响。同时，混凝土碳化还会加剧混凝土的收缩，这些都可能导致混凝土的裂缝和结构的破坏。所以，碳化与混凝土结构的耐久性密切相关，是衡量钢筋混凝土结构物可靠度的重要指标。

8.1.2　碳化作用的极限状态设计表达式

一般环境中的混凝土结构，宜采用碳化深度作为耐久性能评价指标。

通常情况下，将混凝土保护层完全碳化作为大气环境中混凝土结构耐久性能极限状态的标志。混凝土构件的保护层厚度与设计碳化深度应满足式(8.1-1)的要求。

$$d \geqslant \gamma x_0 \tag{8.1-1}$$

式中：d——构件的保护层厚度；

x_0——设计碳化深度基准值；

γ——碳化作用分项安全系数，按式(8.1-2)确定。

根据国内外规范，结合试验研究，碳化作用的分项安全系数可按式(8.1-2)进行。

$$\gamma = \gamma_i \gamma_c \gamma_{mt} \gamma_{cu} \gamma_u \gamma_{cb} \gamma_t \tag{8.1-2}$$

式中：γ_i——结构或构件的耐久性重要性系数：对设计使用寿命为 100 年及以上的结构及构件不应小于 1.1；对设计使用寿命为 50 年的结构及构件不应小于 1.0；对设计使用寿命为 5 年及以下的结构及构件不应小于 0.9。

γ_c——耐久性设计模型的不确定性系数，考虑耐久性设计是成熟的计算模型或是基于试验。对碳化数学模型，可取为 1.0。

γ_{mt}——混凝土材料影响系数：对于钢筋混凝土结构体系取为 1.0；对于自密实混凝土和轻骨料混凝土、泵送混凝土、滑模施工的混凝土或其他施工方式的混凝土，取值范围为 0.8～1.05。

γ_{cu}——混凝土养护浇筑影响系数：对于结构混凝土，由于振捣不密实可能产生分层的情况，取 1.3（如截面高度较大的深梁）；但是如果能保证混凝土的质量与实验室中试件的质量一致，则可以取 1.0。

γ_u——使用水平参数：这个参数表征了建筑使用对结构寿命的影响。对特定用途的空间而言，组件的安装或装配都与构造相关。除了遭受劣化作用或磨蚀的影响，可在 0.8～1.0 范围内取值。

γ_{cb}——模型安全系数：用于考虑碳化深度设计值计算的不确定性。一般可取 1.15；对于大流动性的混凝土，可取 1.1。

γ_t—碳化环境作用等级影响系数，可参照碳化环境作用区划图表（表 6.4-1）选用。

若构件的初选保护层厚度不能满足公式（8.1-1），宜调整设计方案；对于重要性结构、永久性构件，可参考本条文说明，选用适宜的钢筋。

若混凝土构件的保护层厚度与设计碳化深度不满足本条目要求，应改进结构设计，具体做法包括：

（1）保证有足够的混凝土保护层厚度。

有研究表明，混凝土保护层厚度每减少 35%，混凝土碳化到钢筋表面所需的时间就缩短 50%。因此，综合各国规范的特点，建议在确定最小保护层厚度值时，应考虑到以下几点要求：①为防止箍筋首先锈蚀，混凝土保护层厚度宜从箍筋外表面算起；②最小混凝土保护层厚度除考虑使用环境条件外，还应根据设计使用年限区别对待；③规范所规定的最小保护层厚度应理解为标定值，设计图纸所标明的保护层厚度应计入施工允许的公差值；④任何情况下，混凝土最小保护层厚度不应小于 15mm，且不应小于钢筋直径；⑤直接浇筑在土壤上的结构如柱基础等，以及处于海水中的预应力混凝土的最小保护层厚度均不宜小于 75mm；⑥轻骨料混凝土的保护层厚度宜增加 5～10mm；⑦混凝土结构表面有粉刷覆盖层时，最小保护层厚度可按降一级使用，或减少 5mm。

(2)正确选择混凝土材料和配合比,优选水泥品种,重视对骨料质量的要求,控制水灰比和水泥用量。

(3)加强施工及养护质量控制,实时检测保护层厚度。

条文说明

碳化作用分项安全系数中各系数的选取参照了国内外相关混凝土耐久性设计规范与指南,结合了应力状态下混凝土耐久性侵蚀的试验研究结果,具体的选取原则和参考内容主要包括以下几个部分:

(1)中国《建筑结构可靠度设计统一标准》(GB 50068—2001)中对结构重要性系数 γ_0 进行了下列规定:

对安全等级为一级或设计使用年限为100年及以上的结构构件,不应小于1.1;

对安全等级为二级或设计使用年限为50年的结构构件,不应小于1.0;

对安全等级为三级或设计使用年限为5年的结构构件,不应小于0.9。

(2)日本《JSCE Guideline for Concrete》中对混凝土碳化采取了如下验算公式:

$$\gamma_i \frac{y_d}{y_{lim}} \leqslant 1.0$$

式中,γ_i 为结构重要性系数,对于一般结构取1.0,对于部分重要结构可以取1.1。

y_{lim}为引发钢筋锈蚀的临界碳化深度,计算公式为

$$y_{lim} = c - c_k$$

式中,c 为保护层厚度设计值;c_k 为未碳化的保护层厚度(部分碳化区厚度),对于处于一般环境中的结构,可取10mm;对于处于氯离子浓度较高环境中的结构可取10~25mm。

y_d 为设计混凝土碳化深度,计算公式为

$$y_d = \gamma_{cb}\alpha_d\sqrt{t}$$

式中,α_d 为设计碳化速率,$\alpha_d=\alpha_k\beta_e\gamma_c$。$\alpha_k$ 为碳化速率的特征值;β_e 反映了环境作用的程度,对于朝北表面取1.0,朝南表面取1.6;γ_c 为混凝土材料性能的安全系数,一般取1.0,对于结构的上部分取1.3(可能这里是考虑到混凝土骨料的分布不均);但是如果能保证混凝土的质量与实验室中试件的质量一致,则可以取1.0。γ_{cb}为安全系数,用于考虑碳化深度设计值的不确定性,一般可取1.15;对于流动性很大的混凝土,可以取1.1。t 为设计使用寿命。

(3)《混凝土结构耐久性评定标准》(CECS 220:2007)中在对碳化系数进行估

算时，考虑了构件工作应力的影响，并以工作应力影响系数 K_{ks} 的形式进行表征，在受压时取1.0，受拉时取1.1。

8.1.3 碳化验算位置说明

鉴于碳化作用的普遍性，宜应用本条文针对混凝土结构的各个构件逐点进行碳化作用的耐久性能极限状态检验。对于特殊结构形式、特殊材料的混凝土构件，需进行碳化作用的耐久性能验算的典型部位包括：

(1)混凝土构件布置受力钢筋的薄弱部位；

(2)现行规范中的耐久性计算公式不适用的部位，如各种倒角处，其受两个方向的耐久性作用，具有耦合效应；

(3)构件部位所处的环境特殊，与混凝土构件所处的外界环境条件存在差异的部位，如箱梁内部的环境条件与箱梁所处的外界自然环境存在差异。

为了便于应用，在本条文附表8.1-1～表8.1-5中详细列出了需要进行碳化作用设计的结构及构件的典型部位，供设计人员参考。

混凝土主梁的典型验算部位　　表8.1-1

	截面形式		验算位置	描述
板梁截面	矩形实心板	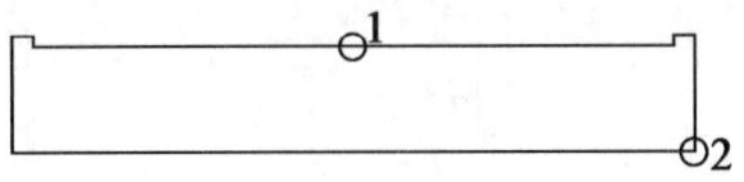	1	顶部单向耐久性作用
			2	角区双向耐久性作用
	带肋式矩形实心板	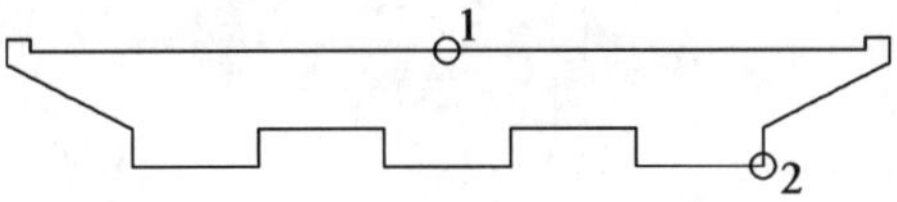	1	顶部单向耐久性作用
			2	角区双向耐久性作用
	空心板	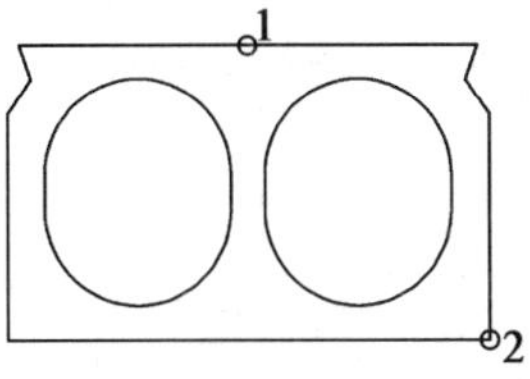	1	顶部单向耐久性作用
			2	角区双向耐久性作用
	空心板	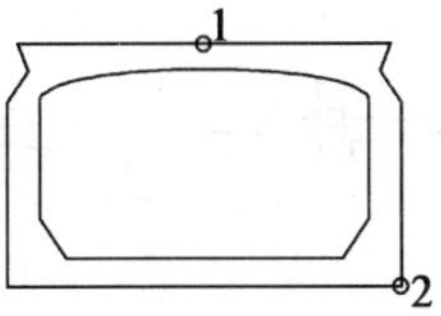	1	顶部单向耐久性作用
			2	角区双向耐久性作用

续上表

	截面形式		验算位置	描述
肋梁式截面	π梁	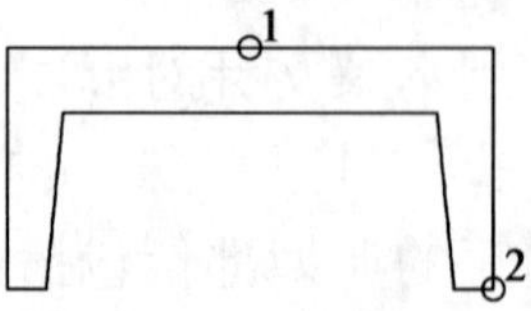	1	顶部单向耐久性作用
			2	角区双向耐久性作用
	I梁	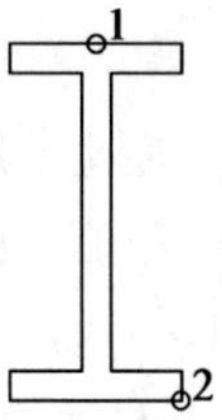	1	顶部单向耐久性作用
			2	角区双向耐久性作用
	T梁	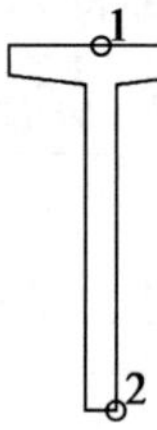	1	顶部单向耐久性作用
			2	角区双向耐久性作用
	带马蹄形T梁	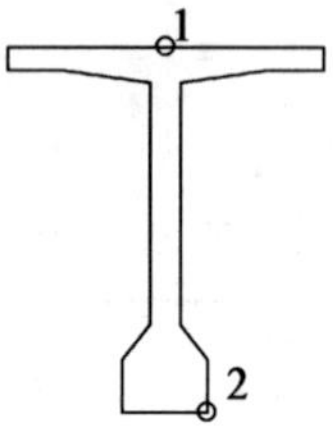	1	顶部单向耐久性作用
			2	角区双向耐久性作用
箱形截面	单箱单室	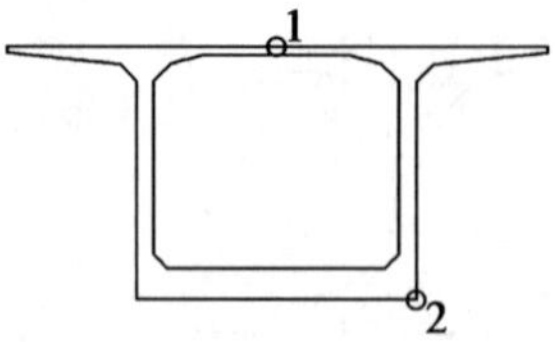	1	顶部单向耐久性作用
			2	角区双向耐久性作用
	单箱多室	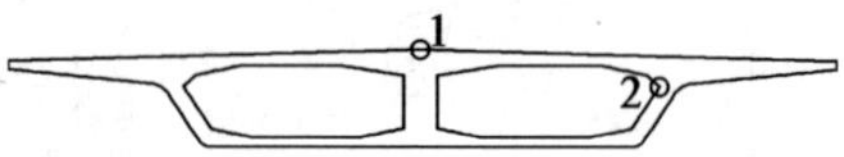	1	顶部单向耐久性作用
			2	角区双向耐久性作用

混凝土桥墩的典型验算部位　　表 8.1-2

	截面形式	验算位置	描　述
实心墩	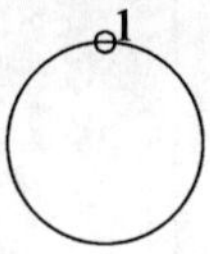	1	单向耐久性作用
	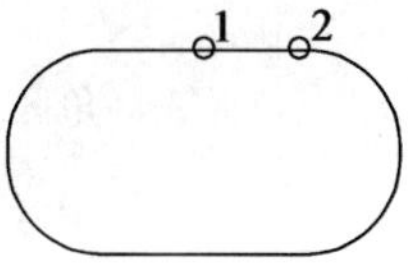	1	单向耐久性作用
		2	角区双向耐久性作用
	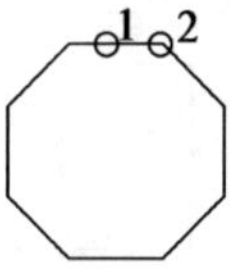	1	单向耐久性作用
		2	角区双向耐久性作用
		1	单向耐久性作用
		2	角区双向耐久性作用
	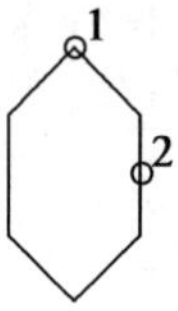	1	单向耐久性作用
		2	角区双向耐久性作用
	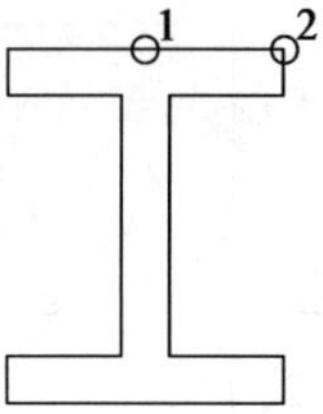	1	单向耐久性作用
		2	角区双向耐久性作用
空心墩	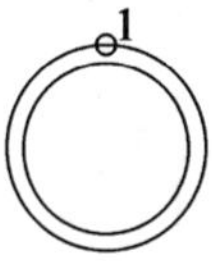	1	单向耐久性作用
	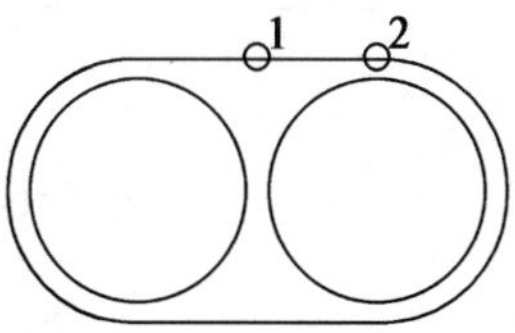	1	单向耐久性作用
		2	角区双向耐久性作用

续上表

	截面形式	验算位置	描述
空心墩	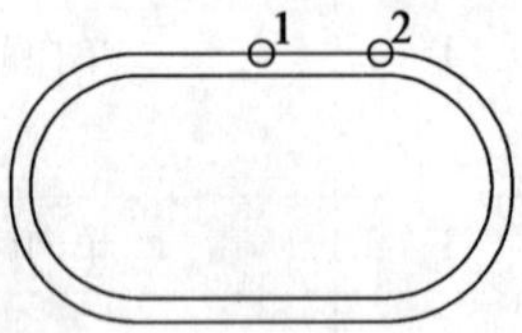	1	单向耐久性作用
		2	角区双向耐久性作用
	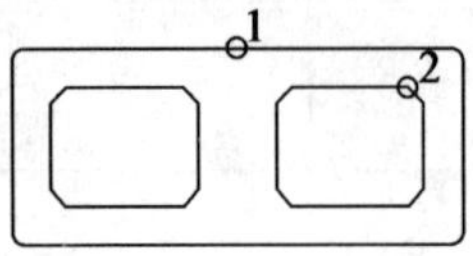	1	单向耐久性作用
		2	角区双向耐久性作用
	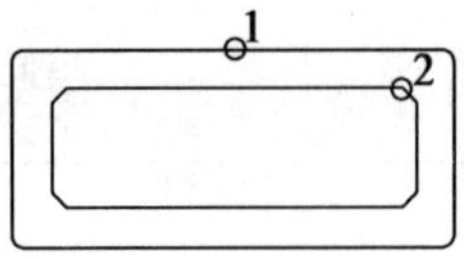	1	单向耐久性作用
		2	角区双向耐久性作用
	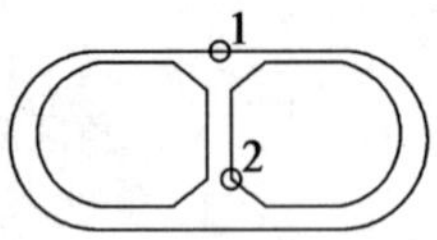	1	单向耐久性作用
		2	角区双向耐久性作用
	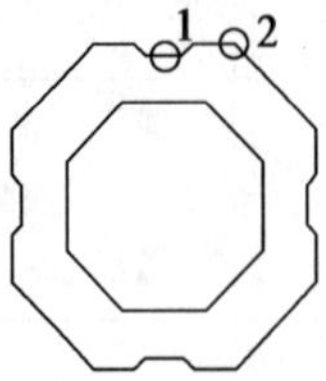	1	单向耐久性作用
		2	角区双向耐久性作用

混凝土桥塔的典型验算部位 表 8.1-3

	截面形式	验算位置	描述
矩形	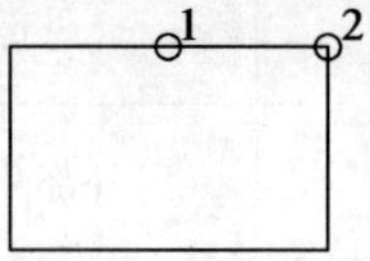	1	外部单向耐久性作用
		2	外部角区双向耐久性作用
	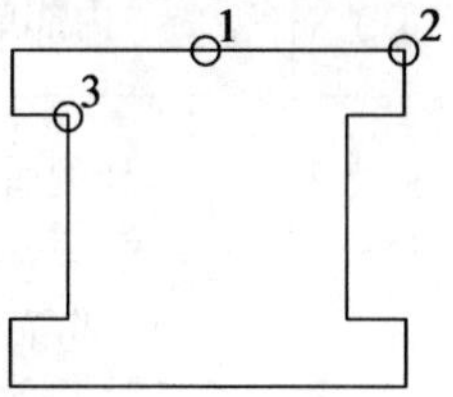	1	外部单向耐久性作用
		2	外部角区双向耐久性作用
		3	内部单向耐久性作用
	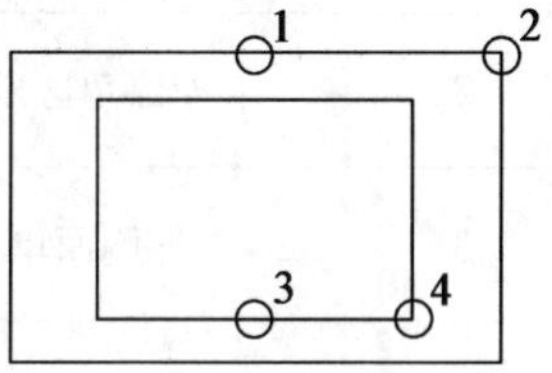	1	外部单向耐久性作用
		2	外部角区双向耐久性作用
		3	内部单向耐久性作用
		4	内部角区双向耐久性作用
实体五角形	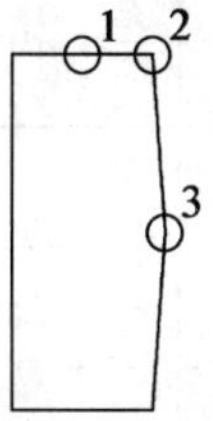	1	外部单向耐久性作用
		2	外部角区双向耐久性作用
		3	内部单向耐久性作用
空心五角形	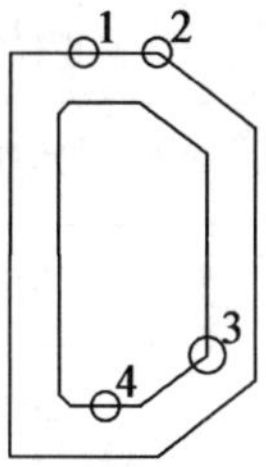	1	外部单向耐久性作用
		2	外部角区双向耐久性作用
		3	内部角区双向耐久性作用
		4	内部角区单向耐久性作用
实体六边形	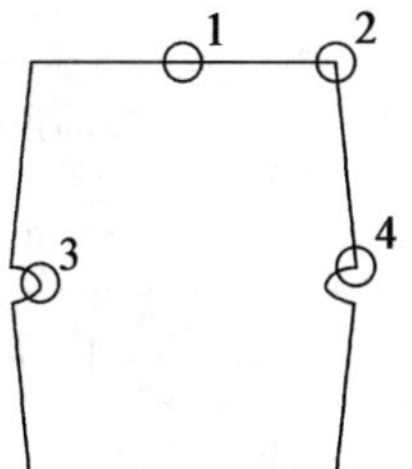	1	外部单向耐久性作用
		2	外部角区双向耐久性作用
		3	外部角区双向耐久性作用
		4	外部角区双向耐久性作用

续上表

	截面形式	验算位置	描述
空心六边形	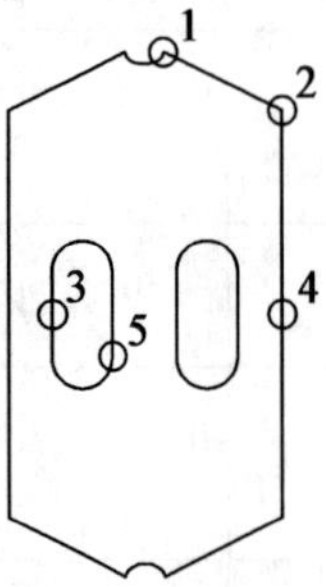	1	外部单向耐久性作用
		2	外部角区双向耐久性作用
		3	内部单向耐久性作用
		4	外侧面单向耐久性作用
		5	内部角区双向耐久性作用
空心四边形	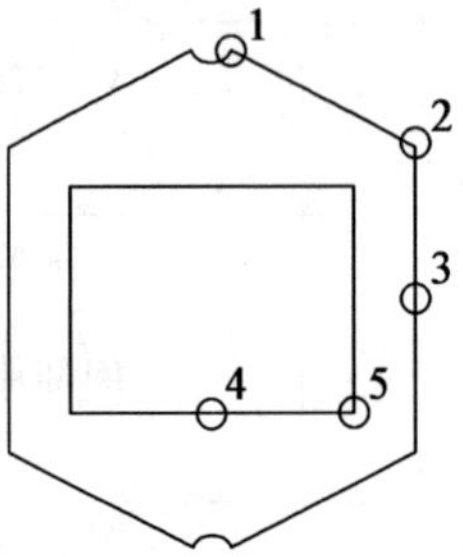	1	外部单向耐久性作用
		2	外部角区双向耐久性作用
		3	外侧面单向耐久性作用
		4	内部单向耐久性作用
		5	内部角区双向耐久性作用
空心六边形	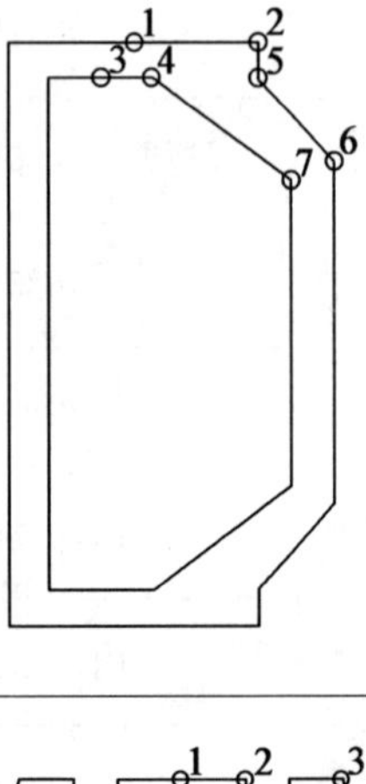	1	外部单向耐久性作用
		2	外部角区双向耐久性作用
		3	内部单向耐久性作用
		4	内部角区双向耐久性作用
		5	外部角区双向耐久性作用
		6	外部角区双向耐久性作用
		7	内部角区双向耐久性作用
空心矩形	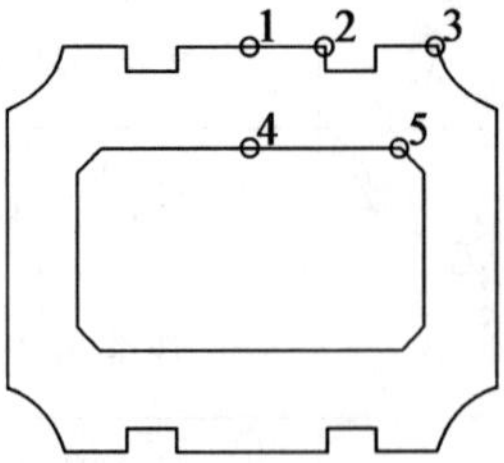	1	外部单向耐久性作用
		2	外部角区双向耐久性作用
		3	外部角区双向耐久性作用
		4	内部单向耐久性作用
		5	内部角区双向耐久性作用

混凝土拱的典型验算部位

表 8.1-4

	截面形式	验算位置	描述
实体矩形	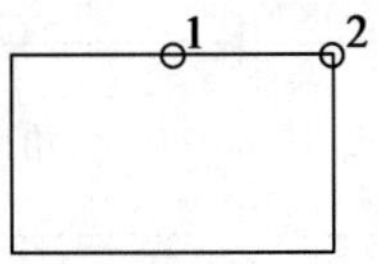 1 2	1	单向耐久性作用
		2	角区双向耐久性作用
实体工字形	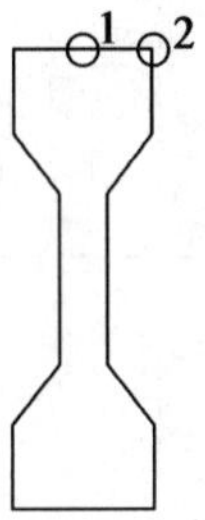 1 2	1	单向耐久性作用
		2	角区双向耐久性作用
单箱单室	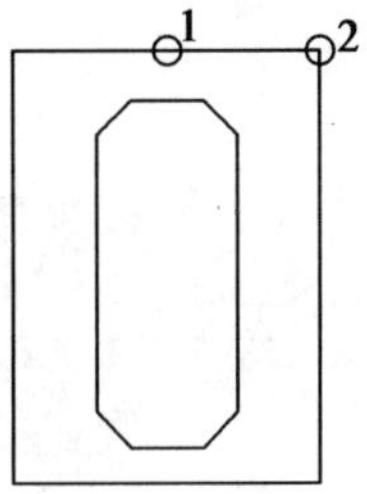 1 2	1	单向耐久性作用
		2	角区双向耐久性作用
单箱多室	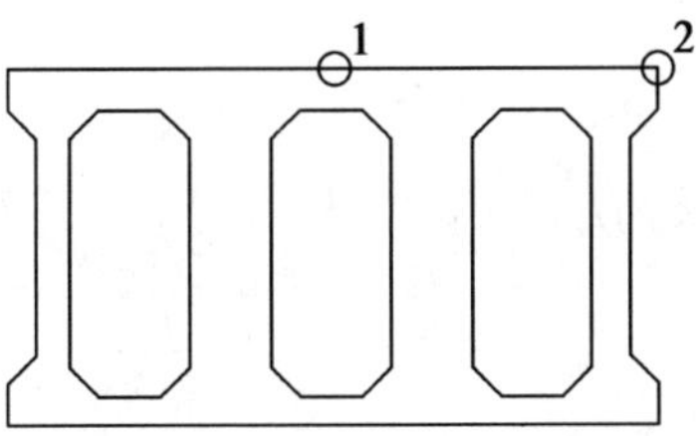 1 2	1	单向耐久性作用
		2	角区双向耐久性作用

混凝土盖梁的典型验算部位 表 8.1-5

	截面形式	验算位置	描述
矩形		1	单向耐久性作用
		2	角区双向耐久性作用
梯形		1	单向耐久性作用
		2	角区双向耐久性作用
修棱梯形		1	单向耐久性作用
		2	角区双向耐久性作用
修棱梯形		1	单向耐久性作用
		2	角区双向耐久性作用

8.1.4 碳化深度的计算方法

常规混凝土结构的碳化深度宜采用式(8.1-3)计算：

$$x_0 = k_0\sqrt{t} \tag{8.1-3}$$

式中：t——构件设计使用寿命(a)；

x_0——设计碳化深度基准值(mm)；

k_0——碳化系数基准值，是反映碳化发展进程及影响因素的综合参数，宜根据式(8.1-4)计算。

$$k_0 = 3K_{CO2} \cdot K_{kl} \cdot K_{kt} \cdot K_F \cdot T^{1/4} RH_0^{1.5} (1-RH_0)\left(\frac{58}{f_{cuk}} - 0.76\right) \quad (8.1\text{-}4)$$

式中：K_{CO_2}——CO_2 浓度影响系数，$K_{CO_2}=\sqrt{\rho_{CO_2}/0.03}$。当缺乏二氧化碳浓度数据时，$K_{CO_2}$ 可参考下列规定取用：

大中城市市区：$K_{CO_2}=1.2\sim1.4$

城镇：$K_{CO_2}=1.1\sim1$

ρ_{CO_2}——CO_2 浓度(%)；

K_{kl}——位置影响系数，构件角区取 1.4，非角区取 1.0；

K_{kt}——养护浇筑影响系数，取 1.2；

K_F——工作应力影响系数，受拉取 1.1，受压取 1.0；

T——环境温度(℃)；

RH_0——环境相对湿度基准值，取 60%；

对于采用特殊结构形式、特殊材料的混凝土结构及构件，碳化深度宜采用实测值或根据数值模拟的方法(附录 A)确定。

条文说明

国内外学者通过对影响碳化进程的因素的长期研究，建立了碳化系数的理论模型和经验模型。由于各模型影响参数不同、侧重点不同，同一条件下的模型结果离散性较大。理论模型参数往往难以确定，而试验模型因各学者考虑角度不同，方法建立的条件也不一样，便于应用却常局限在某些特定环境，不便加以推广。本指南推荐《混凝土结构耐久性评定标准》(CSCE 220:2007)中的碳化系数估算模型。该模型概念清晰，参数含义直观且相对较少，通用性较好，便于设计和工程人员使用。

根据西部交通科技项目“桥梁耐久性关键技术研究”中相关课题的研究成果，粉煤灰混凝土的多因素碳化深度可按式(8.1-5)计算：

$$x = k_{\sigma s} k_C k_D k_T (1-RH)^{1.1} (a + b \cdot FA^{1.57}) \sqrt{\left(\frac{w/B - c}{B}\right) \rho_{CO_2}} \sqrt[2.1]{t} \quad (8.1\text{-}5)$$

式中：x——粉煤灰混凝土的碳化深度(mm)；

$k_{\sigma s}$——应力加速因子，$k_{\sigma s}=1+0.92(\sigma_s)^{1.42}$；

k_C——养护龄期影响因子，$k_1=5.33$，$k_3=2.76$，$k_7=1.32$，$k_{28}=1$，$k_{90}=0.73$；

k_D——碳化维数影响系数，$k_{2D}=(1.1+0.8e^{-t/10.9})$，$k_{3D}=(1.4+2.1e^{-t/9.0})$；

k_T——粉煤灰种类影响系数，$k_I=1$，$k_{II}=0.71$；

RH——环境相对湿度；

FA——粉煤灰掺量(%)；

w/B——水胶比；

ρ_{CO_2}——环境中二氧化碳浓度；

t——碳化龄期(d)；

B——单方混凝土中胶凝材料用量(kg/m^3)；

a、b、c——回归参数，$a=25$，$b=0.29$，$c=0.27$。

注意，针对粉煤灰混凝土，按照式(8.1-2)计算分项安全系数时不应考虑工作应力影响系数。

资料与实例 8.1　碳化作用极限状态分析

某桥主梁由预制预应力混凝土 T 形梁和现浇混凝土桥面铺装组合而成，采用 C50 混凝土。本桥位于我国东北地区，具有低温、冻融循环、除冰盐等不利影响。T 梁的顶面受氯离子的侵蚀，而 T 梁的其他外表面则应按照大气环境混凝土碳化进行分析。以下按本指南建议的过程进行碳化耐久性能分析。

桥位区位于我国北方地区，四季分明，根据相应的地勘资料，在计算模型中环境温度 T 取为 17℃，环境湿度 RH 取为 75%，由于缺乏 CO_2 浓度的数据，因此按照指南的相关规定，按一般大气情况 CO_2 浓度取为 0.0386%。本桥作为某高速公路重要组成部分，其结构设计使用寿命定为 100 年。

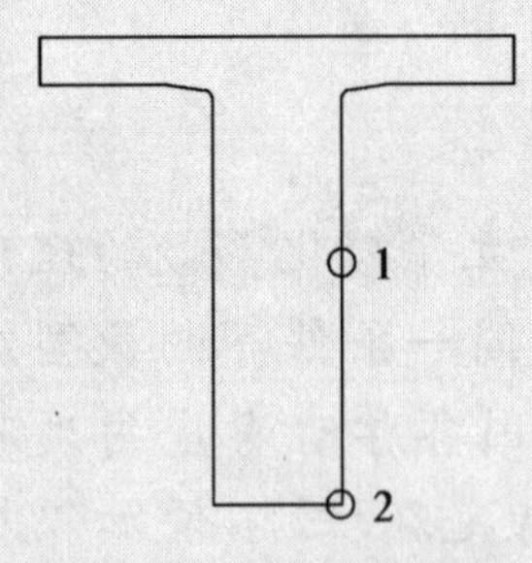

图 8.1-1　T 梁支点截面碳化计算点

选取 T 梁支点截面侧面单向侵蚀点(非角点位置)和角点位置分别进行混凝土碳化分析(如图 8.1-1 所示)。构件设计保护层厚度为 42mm。

1　单向侵蚀点(非角点位置)碳化深度分析

选取计算点 1 进行碳化分析，设计碳化深度基准值按式(8.1-3)计算，碳化系数基准值 k_0 按式(8.1-4)计算。

根据本桥环境参数和本指南中的相关规定取参数如表 8.1-6，计算得到碳化系数基准值 $k_0=0.926$，进而得到 100 年寿命期的设计碳化深度基准值碳化深度 x_0 为 9.26mm。

根据碳化耐久性极限状态的表述式(8.1-1)，其中，d 为结构抗力(设计保护层厚度)；x_0 为给定结构或构件使用寿命期内的设计碳化深度基准值；γ 为结构或构件的分项安全系数，按式(8.1-2)计算。

根据本桥环境参数和本指南 8.1.2 条目的相关规定参数取值如表 8.1-7，计算得到安全分项系数 $\gamma=1.01$，进而可得设计寿命期内考虑分项安全系数后的碳化深度 γx_0 为 8.04mm。

2 角点位置碳化深度分析

计算点2处于角点位置，现行研究表明，对于直角二维截面，角区最大碳化深度值约为一般边碳化深度值的1.4倍，公式中的位置影响系数反映了这一研究结果。构件角区位置影响系数取1.4，参照非角区的计算流程可以得到设计寿命期内考虑分项安全系数后的碳化深度为11.26mm。

因此，从耐久性设计的角度，结构初步设计方案中T梁的混凝土保护层厚度能够满足给定设计寿命期内的碳化耐久性能要求。此外，对角度的研究结果表明，角度越大，边角区的侵蚀深度越小。对于碳化和氯离子侵蚀，采用钝角要好于直角，采用直角要好于锐角。因此，构件边角区宜采用较大的角度过渡，对于常用的直角形式，可以采用倒角和圆弧过渡的方式来改善。

碳化系数基准值计算取值表 表8.1-6

二氧化碳浓度影响系数 K_{CO_2}	1.1	环境温度 T	17
位置影响系数 K_{kl}	1	环境相对湿度基准值 RH_0	60%
养护浇筑影响系数 K_{kt}	1.2	混凝土强度标准值C50(f_{cuk})	50
工作应力影响系数 K_F	1.0		

安全分项系数计算取值表 表8.1-7

重要性系数 y_i	1.1	使用水平参数 y_u	1
模型的不确定性系数 y_c	1	模型参数取值安全系数 y_{cb}	1.15
混凝土材料影响系数 γ_{mt}	1	碳化环境作用等级影响系数 y_t	0.8
混凝土养护浇筑影响系数 γ_{cu}	1		

8.2 氯盐侵蚀作用的极限状态设计

8.2.1 氯盐侵蚀作用的设计要求

氯盐是引起混凝土结构中钢筋锈蚀的主要因素。处于海洋环境、冬季除冰盐环境中的混凝土结构及构件应选取典型部位进行氯盐侵蚀作用的耐久性能设计。

条文说明

1991年，第二届混凝土耐久性会议在法国召开，Mehta教授在“混凝土耐久性——50年的进展”主题报告中指出，“当今世界混凝土破坏的主要原因为钢筋锈蚀、寒冷气候下的冻害、侵蚀环境下的物理化学作用”。钢筋腐蚀破坏被确认为第一因素，而氯离子的侵蚀是引起钢筋腐蚀的首要因素。

钢筋混凝土结构在使用寿命期间可能遇到的各种暴露条件中，氯化物是最危险的侵蚀介质，环境中的氯离子极易侵入混凝土内部。我国存在着广泛的氯离子腐蚀环境，海洋环境、道路化冰盐、盐湖、盐碱地及工业环境中的氯盐都极大地危害着混凝土结构的安全耐久。

氯盐对混凝土结构的劣化破坏，是在混凝土中钢筋表面的 Cl^- 含量达到某一极限值以后，使钢筋表面的钝化膜破坏，产生坑蚀；在空气和水分的作用下，形成宏观电池，使金属铁变成铁锈，体积膨胀，混凝土保护层发生开裂破坏，使结构承载能力降低，并逐步劣化破坏。它的危害表现在以下几个方面：

1　破坏钝化膜

Cl^- 进入混凝土中并到达钢筋表面，当它吸附于局部钝化膜处时，可使该处的 pH 值迅速降低。有微观测试试验表明，Cl^- 的局部酸化作用，可使钢筋表面 pH 值降低到 4 以下（酸性），从而破坏钢筋表面钝化膜。

2　形成"腐蚀电池"

Cl^- 对钢筋表面钝化膜的破坏首先发生在局部（点），使这些部位（点）露出了铁基体，与尚完好的钝化膜区域之间构成电位差（作为电解质，混凝土内一般有水或潮气存在）。铁基体作为阳极而受腐蚀，大面积的钝化膜区作为阴极（发生氧的还原反应）。腐蚀电池作用的结果，钢筋表面产生点蚀（坑蚀），如图 8.2-1 所示。由于大阴极（钝化膜区）对应于小阳极（钝化膜的破坏点），坑蚀发展十分迅速。

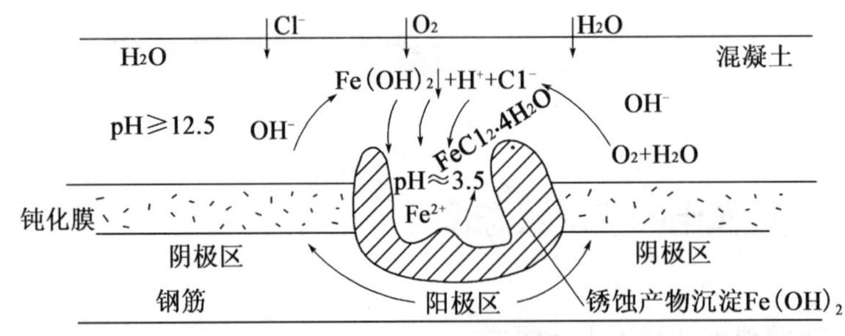

图 8.2-1　氯离子引起钢筋点蚀示意图

钢筋锈蚀产物体积增加为原钢筋体积的 3～6 倍，由此引入的应力导致混凝土开裂、脱层、剥落，反过来又为水和氯离子的侵入提供便利通道，加速锈蚀发展。

3　去极化作用

Cl^- 不仅促成了钢筋表面的腐蚀电池，而且加速电池作用的过程。阳极反应过程是 $Fe \rightarrow Fe^{2+} + 2e$，$Cl^-$ 与 Fe^{2+} 相遇会生成 $FeCl_2$，Cl^- 能使 Fe^{2+}"消失"，从而加速阳极过程。通常把使阳极过程受阻称作阳极极化作用，而加速阳极过程者，称作阳极去极化作用，Cl^- 正是发挥了阳极去极化作用的功能。应该说明的是，在这个过程中 Cl^- 只是起到了"搬运"作用，它不被"消耗"，也就是说，凡是进入混凝土中的 Cl^-，会周而复始地起破坏作用，这也是氯盐危害的特点之一。

4 导电作用

形成腐蚀电池的要素之一就是要有离子通路。混凝土中 Cl^- 的存在强化了离子通路，降低了阴、阳极之间的欧姆电阻，提高了腐蚀电池的效率，从而加速了电化学腐蚀过程。氯盐中的阳离子（Na^+、Ca^{2+} 等），也降低阴、阳极之间的欧姆电阻，但不参与阴、阳极过程。氯盐对钢筋腐蚀的强弱，与其达到钢筋表面的浓度有关。氯盐对混凝土也有一定破坏作用（如结晶膨胀和增加冻融破坏等），但氯盐对钢筋锈蚀所引起的破坏，在通常情况下是起主导作用的。

5 Cl^- 与水泥的作用及其对钢筋锈蚀的影响

在一定条件下，水泥熟料中的铝酸三钙（C_3A）可与氯盐反应生成不溶性"复盐"，从而降低了混凝土中自由 Cl^- 含量。从这个角度讲，C_3A 含量高的水泥有利于抵御 Cl^- 侵害。然而，"复盐"只有在强碱性环境下才能生成和保持稳定，当混凝土的碱度降低时，"复盐"会发生分解，重新把 Cl^- 释放出来。此外，在同时含有硫酸盐的情况下，Cl^- 与 C_3A 生成"复盐"，有利于降低硫酸盐与 C_3A 作用而发生的"膨胀"破坏。但前提条件是，必须保持混凝土的高碱度，并且氯盐、硫酸盐在混凝土中有较低的浓度。如果氯盐与硫酸盐的浓度过高，也将加速钢筋腐蚀和混凝土破坏。

8.2.2 氯盐侵蚀作用的极限状态设计表达式

氯盐环境中的混凝土结构宜将氯离子侵入混凝土并在钢筋表面积累达到临界浓度作为耐久性能极限状态的标志。

临界氯离子浓度与钢筋表面的氯离子浓度应满足式(8.2-1)的要求。

$$C_{cr} \geqslant \gamma C_0(x,t) \tag{8.2-1}$$

式中：C_{cr}——引起钢筋锈蚀的临界氯离子浓度；

$C_0(x,t)$——氯离子浓度基准值，若考虑碳化与氯盐侵蚀的耦合作用，应根据8.2.4条目下式(8.2-6)计算；

γ——氯盐侵蚀的分项安全系数，按式(8.2-2)确定。

$$\gamma = \gamma_i \gamma_c \gamma_{mt} \gamma_{cu} \gamma_u \gamma_{cb} \gamma_{ma} \gamma_l \tag{8.2-2}$$

式中：γ_i——结构或构件的耐久性重要性系数：对设计使用寿命为 100 年及以上的结构及构件不应小于 1.1；对设计使用寿命为 50 年的结构及构件不应小于 1.0；对设计使用寿命为 5 年及以下的结构及构件不应小于 0.9。

γ_c——耐久性设计模型的不确定性系数：氯离子侵蚀环境，取为1.0。

γ_{mt}——混凝土材料影响系数：对于普通钢筋混凝土结构体系取为1.0；对于自密实混凝土和轻骨料混凝土、泵送混凝土，取值范围为0.8～1.05。

γ_{cu}——混凝土养护浇筑影响系数：对于结构混凝土，由于振捣不密实可能产生分层的情况，取1.3（如截面高度较大的深梁）；但是如果能保证混凝土的质量与实验室中试件的质量一致，则可以取1.0。

γ_u——使用水平参数：这个参数表征了建筑使用水平对结构寿命的影响。对特定用途的空间而言，组件的安装或装配都与构造相关。除了遭受劣化作用或磨蚀的影响，可在0.8～1.0范围内取值。

γ_{cb}——模型安全系数：用于考虑氯离子浓度设计值计算的不确定性。一般可取1.3；对于大流动性混凝土可取1.1。

γ_{ma}——管养水平影响系数：该参数表征了某特定结构或构件在使用寿命期内的维护/维修水平，取决于建设单位要求达到的维护要求，取值范围为0.8～1.0。若建设单位或使用者提出较高的维护/维修要求（如混凝土表面涂层、阴极防护等），可取0.8；对于没有提出特殊管养要求的情况，可取为1.0。值得注意的是，清扫或清理等活动也应当考虑在内，因其可能引入造成结构性能劣化的物质（如冬季撒除冰盐）。

γ_l——结构或构件所处耐久性作用环境的影响系数，可从5.4.2中选取。对于多因素耦合作用的环境，应适当提高作用等级。

在验算氯盐侵蚀作用时，应针对不同耐久性作用的叠加效应，进行多重检验：

（1）大气盐雾区环境，可按本指南8.1.2条目和8.2.2条目分别检验耐碳化性能和耐氯盐侵蚀性能，取最不利作用；也可按公式（8.2-6）预测碳化与氯离子共同作用下，混凝土内的氯离子浓度。

（2）浪溅区、潮汐区环境，应按8.2.2条目检验耐氯盐侵蚀性能，必要时还宜按8.5.2条目检验耐磨蚀性能。

（3）浸没区环境，应按8.2.2条目检验耐氯盐侵蚀性能。

若不满足，除应增大保护层厚度、重视构造设计、优选原材料、调整混凝土配比外，尚应采取适当的防腐措施，如钢筋阻锈剂、耐蚀钢筋、环氧涂层及混凝土表面浸涂等。选用具体方案时应注意到，混凝土材料的内部结构是随着龄期的增长而不断发展的，早期混凝土的内部结构发育尚不完全，抗氯盐侵入和抗冻能力均很差。在可能情况下，海水环境中的混凝土构件宜采用预制构件，大型现浇构件也可采用预制混凝土外模，这样可以避免早期接触氯盐。此外，还可在早期混凝土的表面涂上一层临时性的密封剂，在混凝土尚未充分成熟的半年或一年龄期内隔绝氯盐对早期混凝土的影响。

条文说明

氯离子侵入混凝土的方式有扩散、渗透和吸附，尤以扩散为主。扩散是液体或气体在浓度梯度驱动下的迁移。混凝土的耐久性本质上决定于离子或分子以液体或气体的形式进入或穿过材料的过程。多年来，国内外学者通过室内试验和室外检测方法研究混凝土中氯离子扩散性能，但最终都归结为氯离子扩散系数的计算，进而预测混凝土结构的服役寿命。因此，氯离子扩散系数被公认为评价混凝土中氯盐扩散行为的综合参数。

临界氯离子浓度一般由实测数据确定，在无实测数据的情况下，临界氯离子浓度可参考《混凝土结构耐久性评定标准》中 6.0.5 条目确定(表 8.2-1)。

临界氯离子浓度　　表 8.2-1

水　灰　比	0.4	0.45	≥0.5
f_{cuk}(MPa)	C40	C30	≤C25
C_{cr}(kg/m^3)	1.4(0.4%)	1.3(0.37%)	1.2(0.34%)

注：1. 括号内数字为占胶凝材料的质量比。
2. 临界氯离子浓度可视环境条件，混凝土材料性能在 0.3%～0.5%(胶凝材料的质量比)内适当调整。
3. 混凝土强度等级高于 C40 时，混凝土强度每增加 10MPa，临界氯离子浓度增加 0.1kg/m^3。

研究指出，多因素作用下粉煤灰混凝土的临界氯离子浓度可按下式计算：

$$C_{cr} \geqslant C_0 + (C_s - C_0)\left[1 - erf\left(\frac{x_c}{2\sqrt{\frac{k_{\sigma s} k_D k_c k_E k_T D_0 t_0^m}{(1+R)(1-m)} t^{1-m}}}\right)\right] \tag{8.2-3}$$

式中：C_{cr}——混凝土内钢筋脱钝时的临界氯离子浓度，一般可取混凝土质量的 0.05%；

C_s——混凝土表面氯离子浓度，$C_s = -1.54 + 6.2w/B$(占混凝土质量百分比)；

C_0——由原材料引入混凝土的氯离子浓度，一般取为零；

$k_{\sigma S}$——应力加速因子，$k_{\sigma S} = 1 + 0.51(\sigma_S)^{0.6}$；

k_C——养护龄期影响因子，$k_1 = 2.6$，$k_3 = 1.9$，$k_7 = 1.3$，$k_{28} = 1$；

k_D——维数影响系数，$k_{1D} = 1$，$k_{2D} = 2.01$，$k_{3D} = 2.27$；

k_T——粉煤灰种类影响系数，$k_I = 1$，$k_{II} = 0.71$；

k_E——环境系数，长期浸泡 k_E，干湿循环 $k_E = 2.6$；

D_0——t_0 为一个月时的氯离子扩散系数(cm^2/s)，当无实测数据时，可按下式计算：

$D_0=(1.58-0.05FA+9.5\times10^{-4}FA^2+9.5\times10^{-6}FA^3)(0.13+w/B)$

m——氯离子扩散系数的衰减系数，可取0.62；

R——氯离子结合能力系数，按下式计算：$R=(1.3+0.06FA-28.5\times10^{-4}FA^2+28.5\times10^{-6}FA^3)(0.49-0.92w/B)$；

w/B——水胶比；

x_c——实际保护层厚度，$x_c=x_c^d+\Delta x$，

对于关键部位(墩身干湿交替区、主梁、索塔)，施工允差$\Delta x=20$mm；

对于一般部位，$\Delta x=14$mm，对于不重要部位，$\Delta x=8$mm。

8.2.3　氯离子浓度的计算方法

综合考虑影响混凝土中氯盐侵蚀的多种因素，常规混凝土结构及构件内的氯离子浓度宜根据式(8.2-4)计算：

$$C_0(x,t)=C_0+(C_S-C_0)\left[1-erf\,\frac{x}{2\sqrt{t^{1-\alpha}\,\dfrac{D_0t_0^{\alpha}}{1-\alpha}}}\right] \tag{8.2-4}$$

式中：$C_0(x,t)$——t时刻，距离混凝土表面x深度处的氯离子浓度；

C_0——初始氯离子浓度；

C_s——混凝土表面的氯离子浓度基准值，取1.0%；

D_0——结构建成时检测的氯离子扩散系数；

α——氯离子扩散系数的时间依赖性常数，宜用实测推算值。

对于采用特殊结构形式、特殊材料的混凝土结构及构件，氯离子浓度宜采用实测值或根据数值模拟的方法(附录A)确定。

条文说明

国内外学者在经典Fick's扩散定律基础上，在考虑影响氯离子扩散进程的众多因素(环境温度、混凝土水胶比、离子结合能力、裂缝等等)后，提出了许多修正模型，如Maage模型、Life－365模型、Duracrete模型、日本土木学会模型、LIFE-CON模型及我国学者余红发考虑氯离子结合能力修正的扩散系数模型等。本指南采用《混凝土结构耐久性评定标准》(CSCE220：2007)中的计算模型。该模型的形式为目前主流的退化模型，参数设计考虑了影响氯离子扩散的主要因素，通用性较好，便于设计和工程人员使用。

应用公式(8.2-4)计算氯盐侵蚀环境中的混凝土结构内的氯离子浓度时，宜采用各参数的调研值或实测值；如无实测数据，各参数可参照下列要求适当选用：

1　初始氯离子浓度 C_0

初始氯离子浓度 C_0 的取值可参照《混凝土结构耐久性设计与施工指南》第4.0.8条规定：硬化混凝土中氯离子总含量不超过混凝土中胶凝材料质量的0.1%，预应力混凝土为0.06%。

2　表面氯离子浓度 C_s

混凝土表面氯离子浓度，应采用充分的调研值或实测数据推算值。实测推算值应由实测数据分布曲线外推至构件表面确定；当缺乏有效的实测数据时，可按表8.2-2取用，距海岸0.1km处混凝土表面氯离子浓度可参照表8.2-3取用，其他位置应乘以表8.2-4的修正系数。此外，Duracrete预测模型海洋环境下，混凝土表面氯离子浓度是通过参数 A 和水胶比 w/B 的乘积反映的[$C_S = A \cdot (w/B)$]。参数 A 按结构服役环境和胶凝材料类型确定，见表8.2-5。

氯离子侵蚀环境等级　　表8.2-2

环境条件	环境状况	混凝土表面氯离子达到稳定值的累积时间(年)	局部环境系数 m_{cl}	
			室内	室外
近海大气环境	离海岸1.0km以内	20～30	4.5	2.0
	离海岸0.5km以内	15～20	4.5	2.0
	离海岸0.25km以内	10～15	4.5	2.0
	离海岸0.1km以内	10	4.5	2.0
浪溅区	水位变化区和浪溅区	瞬时	4.5～5.5	
除冰盐环境	氯盐除冰雪环境	瞬时	4.5～5.5	

距离海岸0.1km处混凝土表面氯离子浓度 C_s　　表8.2-3

f_{cuk}(MPa)	40	30	25	20
C_s(kg/m^3)	3.2	4.0	4.6	5.2

表面氯离子浓度修正系数　　表8.2-4

离海岸的距离(km)	岸线附近	0.1	0.25	0.5	1.0
修正系数	1.96	1.0	0.66	0.44	0.33

拟合系数 A　　表8.2-5

海洋环境 \ 胶凝材料	硅酸盐水泥	硅酸盐水泥添加粉煤灰	硅酸盐水泥添加矿渣	硅酸盐水泥添加硅灰
水下区	10.3	10.8	5.06	12.5
潮汐、浪溅区	7.76	7.45	6.77	8.96
大气区	2.57	4.42	3.05	3.23

3 氯离子扩散系数的时间依赖系数 α

氯离子扩散系数的时间依赖系数，按构件使用期间每隔 2～3 年实测数据推算所得。对普通硅酸盐混凝土可近似取 0.2，含矿物掺和料的混凝土可参照表 8.2-6 取值。

氯离子扩散系数的时间依赖系数 α 表 8.2-6

胶凝材料的类型	暴露条件					
	水下区		潮汐区、浪溅区		大气区	
	均值	方差	均值	方差	均值	方差
硅酸盐水泥添加粉煤灰	0.69	0.05	0.93	0.07	0.66	0.07
硅酸盐水泥添加矿渣	0.71	0.05	0.80	0.07	0.85	0.07
硅酸盐水泥添加硅粉	0.62	0.05	0.39	0.07	0.79	0.07

对处于海洋大气区的混凝土桥梁，氯离子浓度宜根据式(8.2-5)计算：

$$C_f = kt\left[\left(1+\frac{x^2}{2t\cdot D_{Cl^-}}\right)\mathrm{erf}\left(\frac{x}{2\sqrt{t\cdot D_{Cl^-}}}\right)-\left(\frac{x}{\sqrt{\pi t\cdot D_{Cl^-}}}\right)\cdot e^{\frac{-x^2}{4t\cdot D_{Cl^-}}}\right] \tag{8.2-5}$$

式中：C_f——混凝土中的氯离子含量(%)；

k——单位时间盐雾沉积在单位面积混凝土表面上氯离子的质量流量(a^{-1})；

D_{Cl^-}——大气条件下氯离子表观扩散系数(mm^2/a)；

x——距离混凝土表面的深度(mm)；

t——结构建成的检测时间(a)。

海洋大气环境中的混凝土桥梁结构受到碳化与氯离子共同作用。应用式(8.2-5)预测混凝土结构内的氯离子浓度时，各参数计算如下：

$$D_{Cl^-} = D_{Cl^-,0}\cdot f(RH)\cdot f(T)\cdot f(t)\cdot f(C)$$

式中：$D_{Cl^-,0}$——饱和条件下混凝土氯离子扩散系数(mm^2/a)。

$f(RH)$、$f(T)$、$f(t)$、$f(C)$分别表示混凝土相对湿度、环境温度、使用时间及碳化对氯离子扩散系数影响的函数，可分别描述如下：

$$f(RH) = f_0\cdot\left[1+\frac{(1-RH)^4}{(1-0.75)^4}\right]^{-1}$$

$$f(T) = f_0\cdot\frac{T}{T_0}e^{q\left(\frac{1}{T_0}-\frac{1}{T}\right)}$$

$$f(t) = f_0\cdot\left(\frac{t_0}{t}\right)^{m_t}$$

$$f(C) = f_0\cdot\left(\frac{t_0}{t}\right)^{-m_C}$$

对于普通水泥混凝土，氯离子扩散系数的时间依赖性可按下式计算：

$$m_t = 0.25w/C - 0.60$$

8.2.4　考虑碳化和氯盐侵蚀耦合作用的氯离子浓度的计算方法

考虑碳化与氯盐侵蚀耦合作用，常规混凝土结构及构件内的氯离子浓度宜根据式(8.2-6)计算：

$$C_0(x,t) = C_0 + (C_s - C_0)\left[1 - erf\frac{x - x_0}{2\sqrt{t^{1-\alpha}\dfrac{D_0 t_0^{\alpha}}{1-\alpha}}}\right] \tag{8.2-6}$$

其中，x_0 为设计碳化深度基准值，根据式(8.1-3)计算；其余符号同 8.2.3 条。

条文说明

有研究表明，钢筋混凝土碳化时由于二氧化碳对混凝土中的氯盐、硫酸盐、碱金属盐等的影响，使混凝土中的腐蚀因子在混凝土内部产生迁移和浓缩，腐蚀在碳化未达到钢筋表面时已经发生。混凝土碳化时 Friedel 复盐会分解生成氯离子，并通过浓度扩散作用向内部未碳化区迁移并重新生成 Friedel 复盐。这种复盐的形成和分解的循环过程中浓缩区向内部发展，使碳化区的氯离子浓度减少而未碳化区浓缩后碳化锋面浓度明显增大，混凝土碳化可能导致氯离子扩散波峰越过碳化层而向混凝土内部发展的趋势。因此，在考虑碳化和氯离子侵蚀耦合作用条件时，可采用如图 8.2-2 所示的模型进行计算。

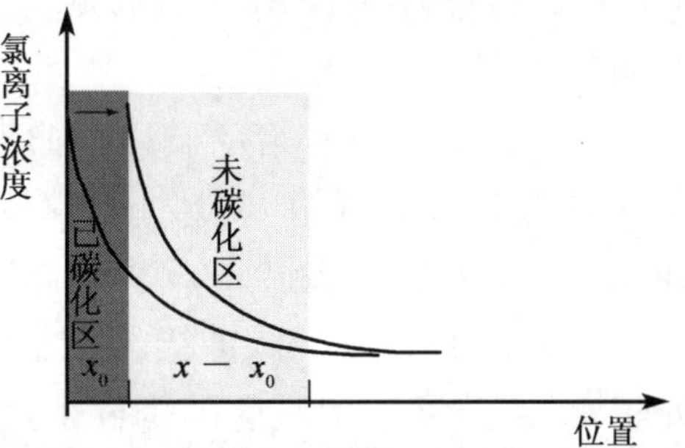

图 8.2-2　碳化作用下氯离子浓度的计算模型

资料与实例 8.2　某跨海大型桥梁工程的耐久性设计

某大型跨海桥梁工程设计使用寿命 100 年，地处北亚热带南缘、东北季风盛行区，受季风影响冬冷夏热，四季分明，降水充沛，气候变化复杂，多年平均气温为 15.8℃，海区全年盐度一般在 1.0%～3.2%之间变化。桥梁墩柱的混凝土材料配合比及保护层厚度列于表 8.2-7 和表 8.2-8。以下按本指南建议的过程进行耐久性设计。

首先对桥梁墩柱所受耐久性环境作用进行划分。

桥址位于典型的亚热带地区，严重的冻融破坏和浮冰的冲击磨损可不予考虑，镁盐、硫酸盐等盐类侵蚀和碱集料反应破坏可以通过控制混凝土组分来避免。因此，钢筋锈蚀破坏就成为最主要的腐蚀荷载。而混凝土中钢筋锈蚀可由两种因素诱发，一是海水中 Cl^- 侵蚀，二是大气中的 CO_2 使混凝土中性化。墩柱位于海洋水位变动区、浪溅区，属典型的氯盐侵蚀环境。因此，根据指南 8.2 条目进行氯盐侵蚀作用的耐久性能设计。

以混凝土内钢筋表面的氯离子浓度 $C(x,t)$ 累积达到临界浓度(C_{cr})作为氯盐侵蚀耐久性能极限状态的标志，建立耐久性极限状态的表述形式(式(8.2-1))。根据指南中式(8.2-4)计算墩柱内的氯离子浓度。所需计算参数列于表 8.2-9。其中，混凝土氯离子扩散系数 D_0，碳化深度 x_0 为桥梁建成 90d 时的试验数据；混凝土内初始氯离子浓度 C_0 无实测数据，参照指南 8.2.3 的条文说明取为硬化混凝土的 0.1%，再根据构件的局部环境及混凝土的胶凝材料种类查表 8.2-3 和表 8.2-6，确定混凝土表面氯离子浓度 C_S 和扩散系数的时间依赖系数为 2.68%、0.93。将上述参数代入式(8.2-4)后计算得到，在给定结构寿命 100 年时墩柱内钢筋表面的氯离子浓度占胶凝材料的 0.164%。

考虑到材料类型、施工管养水平及所用计算模型的影响，采用分项系数 γ 对计算得到的氯离子浓度进行修正，具体参照指南中(8.2.3 条目)，参数列于表 8.2-10。氯盐环境作用等级影响系数 γ_1 是根据混凝土表面氯离子浓度 C_S 为 2.68%查表 6.4-2 确定。

参照式(8.2-1)，给定设计寿命期内考虑安全分项系数后箱梁内钢筋表面累积的氯离子浓度 $\gamma C_0(x,t)$ 为 0.317%(占胶凝材料百分比)。无实测数据时，参照表 8.2-1 中 C40 混凝土的临界氯离子浓度 C_{cr} 为占胶凝材料的 0.4%，即满足 $C_{cr} \geq \gamma C_0(x,t)$ 的氯离子侵蚀极限状态方程。另外，确定设计方案时已明确提出对处于水位变动区、浪溅区的构件采用表面防腐涂层技术进行防护，并通过严格控制混凝土施工、养护质量等环节进一步提高构件的耐氯盐侵蚀性能。因此，结构设计确定的 70mm 保护层厚度能够满足墩柱在给定设计使用寿命期内的耐久性要求。

混凝土配合比 表 8.2-7

部位	水胶比	每立方混凝土中材料用量(kg/m³)				
		水泥	粉煤灰	砂	石	外加剂
墩柱	0.32	188	282	641	1139	4.23

某桥海上段混凝土结构耐久性方案 表 8.2-8

构件部位	海洋环境分类	保护层厚度(mm)	混凝土强度等级	水胶比	备注
墩柱	水位变动区、浪溅区	70	C40	0.36	水位变动区、浪溅区部位涂防腐蚀涂层

耐久性极限状态验算参数表 表 8.2-9

混凝土表面氯离子浓度基准值(占胶凝材料百分比)	C_{s0}	1.0%
混凝土初始氯离子浓度(占胶凝材料百分比)	C_0	0.1%
氯离子扩散系数(m^2/s)	D_0	$1.28e^{-12}$
扩散时间(a)	t_0	0.246 6
保护层厚度(mm)	x	70
氯离子扩散系数的衰减系数	α	0.93
给定寿命(a)	t	100

分项系数计算取值表 表 8.2-10

重要性系数	γ_i	1.1
模型的不确定性系数	γ_c	1.0
混凝土材料影响系数	γ_{mt}	1.0
养护浇筑影响系数	γ_{cu}	1.0
使用水平参数	γ_u	0.8
模型参数取值安全系数	γ_{cb}	1.1
管养水平影响系数	γ_{ma}	1.0
氯盐环境作用等级影响系数	γ_l	2.0
分项系数	γ	1.936

8.3 冻融循环作用的极限状态设计

8.3.1 冻融循环作用的设计要求

冻融破坏是寒冷地区混凝土结构常见的耐久性问题,应选取结构及构件的典型部位进行抗冻融耐久性能设计。

条文说明

混凝土处于饱水状态和冻融循环交替作用是发生混凝土冻融破坏的必要条件,因此,冻融破坏一般发生于寒冷地区经常与水接触的混凝土结构物,如水位变化区的海工、水工混凝土结构物、水池、发电站冷却塔以及与水接触部位的道路、桥墩/台等。在我国东北、华北和西北地区的水利大坝,尤其是东北严寒地区的混凝土结构物,几乎100%的工程局部或大面积地遭受不同程度的冻融破坏,有的工程在施工过程中或竣工后不久即发现严重的冻害。经调查发现，混凝土冻融破坏不仅在“三北”地区存在，而且在长江以北黄河以南的中部地区，混凝土结构物的冻融破坏现象也广泛存在。由此可见，混凝土的抗冻性是混凝土耐久性中最重要的问题之一。

冻融环境中，水在混凝土毛细孔中反复结冰—解冻产生的膨胀压力和渗透压力将引起混凝土冻胀开裂，进而使混凝土的弹性模量、抗压强度、抗拉强度等力学性能严重下降，危害结构物的安全性。

混凝土冻融循环产生的破坏作用主要有冻胀开裂和表面剥蚀两个方面。通常情况下，混凝土的冻融破坏，在其表面都可看到裂缝和剥落。而当使用除冰盐时，混凝土表面出现鳞片状剥落，一般认为，混凝土的冻融和盐冻破坏是物理作用的过程。

多年来，国内外学者对混凝土的抗冻性能做了大量理论与试验工作，取得了许多重要的研究成果。早在1945年，Powers提出了混凝土冻融破坏的静水压假说，后又提出了渗透压假说，二者的结合较好地解释了混凝土的冻融破坏机理。

混凝土受冻融循环作用破坏的根本原因是水结冰产生约9%的体积膨胀。如果混凝土中的孔完全充满水，这么大的膨胀足以使混凝土开裂破坏。理论上，当混凝土的饱和度小于91%时，混凝土就不会受冻破坏。混凝土受冻时，粗孔中的水先结冰，在水结冰膨胀的推动下，孔中未结冰的水将向周围迁移，形成静水压力，这是冻融破坏的动力。当静水压力超过混凝土强度能承受的程度时，就会损坏混凝土。混凝土的饱和度越高，结冰速度越快，混凝土的静水压力和破坏力就会愈大。实际上，由于混凝土内部的水分布不均匀，以及在静水压力作用下未结冰水并不能自由、快速地向周围迁移，混凝土的临界饱和度一般远小于91%。但是，冻和融反复进行，致使混凝土承受疲劳作用而不断加重破坏。所以混凝土的抗冻性还和冻融循环次数有关。

8.3.2 冻融循环的极限状态设计表达式

冻融环境中，采取快冻法的破坏标准，即混凝土弹性模量降低至60%或质量损失达到5%作为结构冻融耐久性能极限状态的标志。混凝土的抗冻等级应符合式(8.3-1)要求。

$$N_R \geqslant \gamma N_S \tag{8.3-1}$$

式中：N_R——结构混凝土在设计使用寿命期内应满足的抗冻等级，如无统计数据，可参照表8.3-1选取；

N_s——设计使用寿命时刻混凝土材料实际具有的抗冻等级，可由试验测定，也可根据式(8.3-3)预估；

γ——冻融作用分项安全系数，可按式(8.3-2)确定，具体参数定义及取值参见条文说明。

混凝土最小抗冻等级建议值 表 8.3-1

等级	最冷月平均气温	混凝土最小抗冻等级	
		淡水环境	海水环境
XD1	微冻地区（$-3℃ \leqslant t \leqslant 2.5℃$）	50	100
XD2	寒冷地区（$-8℃ < t < -3℃$）	100	150
XD3	严寒地区（$t \leqslant -8℃$）	200	250

注：表中为慢冻法试验，若采用快冻法，抗冻等级宜提高一级。

$$\gamma = \gamma_i \cdot \gamma_c \cdot \gamma_\sigma \cdot \gamma_{mt} \cdot \gamma_{cu} \cdot \gamma_u \cdot \gamma_{cb} \cdot \gamma_{ma} \cdot \gamma_d \tag{8.3-2}$$

式中：γ_i——结构或构件的耐久性重要性系数：对设计使用寿命为 100 年及以上的结构及构件不应小于 1.1；对设计使用寿命为 50 年的结构及构件不应小于 1.0；对设计使用寿命为 5 年及以下的结构及构件不应小于 0.9。

γ_c——耐久性设计模型的不确定性系数：冻融环境取为 1.0。

γ_σ——工作应力影响系数：受压时取 1.0，受拉时取 1.1。

γ_{mt}——混凝土材料影响系数：对于钢筋混凝土结构体系取为 1.0；对于自密实混凝土、引气混凝土或掺加矿物掺和料（粉煤灰、矿渣）的混凝土，取值范围为 0.8～1.05。

γ_{cu}——混凝土养护浇筑影响系数：对于结构混凝土，由于振捣不密实可能产生分层的情况，取 1.3（如截面高度较大的深梁）；如果能保证混凝土的质量与实验室中试件的质量一致（如冬季施工工程采用蓄热养护等），则可以取 1.0。

γ_{ma}——管养水平影响系数：该参数表征了某特定结构或构件在使用寿命期内的维护/维修水平，取决于建设单位要求达到的维护要求，取值范围为 0.8～1.0。若建设单位或使用者提出较高的维护/维修要求（如混凝土表面防水涂层），可取 1.0；对于没有提出特殊管养要求的情况，可取为 0.9。值得注意的是，清扫或清理等活动也应当考虑在内，因为可能引入引起结构性能劣化的物质（如冬季撒除冰盐）。

γ_u——使用水平参数：这个参数表征了建筑使用对结构寿命的影响。对特定用途的空间而言，组件的安装或装配都与构造相关。除了遭受劣化作用或磨蚀的影响，可在 0.8～1.0 范围内取值。

γ_{cb}——模型安全系数：用于考虑抗冻等级设计值计算的不确定性。一般可取 1.3；对于大流动性混凝土可取 1.1。

γ_d——结构或构件所处耐久性作用环境的影响系数，可从表 5.4.3 中选取。对于多因素耦合作用的环境，应适当提高作用等级。

条文说明

现行标准及规范中,混凝土的抗冻性的评定指标——抗冻等级(快冻法)和抗冻标号(慢冻法),都是由混凝土在发生破坏前经历的冻融循环次数确定的。本条目参考《普通混凝土长期性能和耐久性能试验规程》(GB/T 50082)的相关试验方法。评价水平参见《桥梁结构用耐久性混凝土设计与施工手册》(人民交通出版社,2012)。表 8.3-2 中提出了采用慢冻法和快冻法评价混凝土抗冻性能的指标。

混凝土的抗冻性能指标 表 8.3-2

抗冻标号(慢冻法)	D50	D100	D150	D200	>D200
抗冻等级(快冻法)	F50	F100	F150	F200	F250
	F300	F350	F350	F400	>F400

应用公式(8.3-1)时,应重视除冰盐的影响,结合本指南 8.2.2 和 8.3.2 条目,检验结构及构件的耐冻融能力。若验算不满足,应调整结构设计方案,如使用引气型外加剂、调整混凝土配合比、检测混凝土拌和物的含气量并加强早期养护。

8.3.3 抗冻等级的确定方法

混凝土结构冻融耐久性能的数学模型尚不完善,宜根据式(8.3-3)所示的经验模型计算结构混凝土能经受的最大冻融次数。

$$N_s = (A+1)^{1.5}\exp\left[-11.188\left(\frac{w}{(C+F)}-0.794\right)-0.01307F\right] \qquad (8.3\text{-}3)$$

式中: N_s——混凝土能经受的最大冻融(快冻)次数;

A——混凝土的含气量;

$w/(C+F)$——水胶比;

F——粉煤灰掺量。

对于采用特殊结构形式、特殊材料的混凝土结构及构件,混凝土的抗冻等级宜采用实测值或根据数值模拟的方法确定。

条文说明

多年来,经过国内外学者的共同努力,碳化与氯蚀的模型都已经达到全概率的水平,每一影响因素在模型中都得到细致的表达,而冻害的模型(水分饱和度模型)还属于半概率的,其中的部分参数还需要试验或检测结果来获得。由于混凝土冻融过程的复杂性,对其机理的解释尚未达到共识。建立理论模型要应用材料学、力学和其他知识,结合亚微观层次和宏观层次的研究,既要立足于渗透压和静水压假说，还要模拟损伤的出现与积累过程。就目前状况看，模型中还难以兼顾上述两个假说，且模型中的多种参数还必须用不同的复杂方法测定而不能用已知参数推算，可见建立理论模型的难度较大，且已有模型尚有许多缺点，实用性有待完善。

经验模型以抗冻机理作为宏观指导，抓住影响抗冻性的主要因素，通过实验数据的回归分析，建立宏观数学模型，这样的模型虽然较粗糙，但实用性较强。以含气量和水灰比为主要参数，再适当考虑骨料、混合料掺量等因素的影响，在大量试验数据基础上建立经验模型，应该成为目前建立抗冻性数学模型的主要方法。

我国在冻害方面的耐久性研究几乎始终着力于将快冻法的试验损伤结果与天然冻融循环次数的统计规律在等效原则基础上结合起来，因此在这方面已经得到了切合中国实际的、较为丰富的资料以及理论和应用研究成果。采用快冻法的破坏标准，已经暗含了两种冻害的损伤机制的区分，而在区划研究中采用该破坏标准作为极限状态标志无疑在方法上更简单易行，从原理和实用方面仍有其优越性。因此，本指南采用了我国学者的建议，以快冻法破坏标准作为耐久性极限状态的标志。

8.4 硫酸盐腐蚀的耐久性极限状态设计

8.4.1 硫酸盐腐蚀的设计要求

在沿海、内陆盐湖地区及含有酸性地下水和含高黏土壤的地区服役的混凝土结构，应针对典型部位进行抗硫酸盐腐蚀性能设计。

条文说明

硫酸盐腐蚀是混凝土化学侵蚀中最广泛的形式。在沿海、内陆盐湖地区及含有酸性地下水和含高黏土壤的地区，硫酸盐腐蚀及其与其他侵蚀性介质的叠加作用，是引起混凝土结构耐久性能劣化的重要原因。

根据土壤对混凝土及钢筋混凝土的腐蚀性能，可将我国的土壤分为四类，即中碱性土壤、酸性土壤、内陆盐土和滨海盐土。硫酸盐腐蚀主要是混凝土硬化后由水泥石中的 C_3A 和周围环境中的硫酸盐发生化学反应生成硫铝三钙（钙矾石）引起的；然而在固体材料内的封闭环境中，钙矾石晶体生长可产生高达 2400MPa 的压力，足以造成周围材料的破坏。此外，水泥石遭受硫酸盐腐蚀的过程，会降低混凝土孔溶液的 pH 值，造成水泥石中 C-S-H 凝胶分解，引起混凝土性能劣化，严重的腐蚀将使混凝土膨胀开裂、钢筋锈蚀、失去结构强度。因此，硫酸盐侵蚀一直是混凝土耐久性研究的重点。

大量试验研究发现,自然环境中的硫酸盐腐蚀介质主要是硫酸钠和硫酸镁,尤其是在沿海地区及盐碱地,硫酸盐腐蚀造成的混凝土耐久性劣化较为常见。从外观看,混凝土受硫酸盐侵蚀的特征是表面发白,损害通常在边角处开始,接着裂缝开展并剥落,使混凝土成为一种易碎的甚至松散的状态。根据结晶产物和破坏形式的不同,硫酸盐侵蚀破坏可分为两种类型:钙矾石膨胀破坏和石膏膨胀破坏。破坏形式主要有三种:(1)当溶液中存在 Mg^{2+} 时,硫酸盐与氢氧化钙反应生成石膏,并能将 C-S-H 置换成 M-S-H,使混凝土只能产生微小的膨胀,而更多的是表现为使混凝土强度、刚度和黏结力的降低;(2)混凝土富含铝相,pH 值较高时,硫酸盐腐蚀形成钙矾石(水泥杆菌),从而导致混凝土膨胀、开裂;(3)湿循环条件下进入混凝土中的硫酸盐吸水结晶并对混凝土产生结晶压力,导致混凝土开裂、破坏;(4)胶凝材料中含有粉煤灰的混凝土,暴露在复合硫酸盐中,混凝土由于连续剥落和表层脱落,形成"洋葱头"式的破坏。

8.4.2 硫酸盐腐蚀的极限状态表达式

针对硫酸盐腐蚀环境中的混凝土结构,将抗压强度耐蚀系数低于 75%作为硫酸盐腐蚀的耐久性能极限状态。为了保证结构能达到预期的设计使用寿命,混凝土抗压强度耐蚀系数应符合式(8.4-1)的要求。

$$S_R \geqslant \gamma S_s \tag{8.4-1}$$

式中:S_R——混凝土的设计抗压强度耐蚀系数;

S_s——设计使用寿命时刻,混凝土材料实际的抗压强度耐蚀系数;

γ——硫酸盐环境分项安全系数,可按式(8.4-2)确定,具体参数定义及取值参见条文说明。

$$\gamma = \gamma_i \gamma_c \gamma_\sigma \gamma_{mt} \gamma_{cu} \gamma_u \gamma_{ma} \gamma_s \tag{8.4-2}$$

式中:γ_i——结构或构件的耐久性重要性系数:对设计使用寿命为 100 年及以上的结构及构件不应小于 1.1;对设计使用寿命为 50 年的结构及构件不应小于 1.0;对设计使用寿命为 5 年及以下的结构及构件不应小于 0.9。

γ_c——耐久性设计的模型不确定性系数:主要考虑采用的是成熟的计算模型或是基于试验数据。鉴于试验数据受到试验方法、检测评定指标等的影响,取为 1.1。

γ_σ——工作应力影响系数:受压时取 1.0,受拉时取 1.1。

γ_{mt}——混凝土材料影响系数:对于钢筋混凝土结构体系取为 1.0;对于自密实混凝土、使用抗硫酸盐水泥或采用矿物掺和料(粉煤灰、矿渣和硅粉)的混凝土,可在 0.8~1.05 范围内取值。

γ_{cu}——混凝土养护浇筑影响系数：一般取 1.0，对于结构混凝土可能产生分层的情况，取 1.3；如果能保证混凝土的质量与实验室中试件的质量一致，可取 1.0。

γ_{ma}——管养水平影响系数：该参数表征了某特定结构或构件在使用寿命期内的维护/维修水平，取决于建设单位要求达到的维护要求，取值范围为 0.8～1.0。若建设单位或使用者提出混凝土表面防腐等维护/维修要求，可取 1.0；对于没有提出特殊管养要求的情况，可取为 0.9。

γ_{u}——使用水平参数：这个参数表征了建筑使用对结构寿命的影响。对特定用途的空间而言，组件的安装或装配都与构造相关。除了遭受机械劣化作用或磨蚀的影响，可在 0.8～1.0 范围内取值。

γ_{s}——结构或构件所处耐久性作用环境的影响系数，可从表 5.4.4 中选取。对于多因素耦合作用的环境，应适当提高作用等级。

条文说明

硫酸盐侵蚀环境中，若无试验数据，混凝土结构及构件的设计抗压强度耐蚀系数可参照表 8.4-1 取用。

混凝土的抗压强度耐蚀系数 表 8.4-1

设计强度	≥C50	C40	C30
抗压强度耐蚀系数	85％	80％～85％	75％～80％

硫酸盐腐蚀环境，应重视多种侵蚀性离子的叠加作用，综合 8.2.2 和 8.4.2 条目，检验结构及构件的耐腐蚀能力。若不满足，应调整结构初步设计方案，结合结构所处的具体环境，优选原材料，设计混凝土配合比，并严格控制施工质量。

8.4.3 抗压强度耐蚀系数的确定方法

抗压强度耐蚀系数是评定混凝土抵抗硫酸盐腐蚀能力的基本物理性能参数，宜根据《普通混凝土长期性能和耐久性能试验方法标准》(GB/T 50082—2009)中抗硫酸盐侵蚀试验确定。

条文说明

国内外学者针对混凝土抗硫酸盐侵蚀性能的研究大多着眼于理论分析与试验成果的一致性，因此，常采用试验参数作为性能指标。抗压强度耐蚀系数是根据《普通混凝土长期性能和耐久性能试验方法标准》(GB/T 50082—2009)中抗硫酸盐侵蚀试验获得的混凝土性能参数。试验操作简便，通用性较好。若采用干湿循环次数，可参见《混凝土耐久性检验评定标准》(JGJ/T 193—2009)中第3.0.1条目。

此外，由于硫酸盐腐蚀过程伴随着硬化水泥石内部微观结构形貌的变化，也可根据构件部位、混凝土品质及工程要求等因素，选用质量损失率、动弹性模量变化率及微观结构参数等作为混凝土抗硫酸盐腐蚀的性能指标。

8.5 磨蚀作用的极限状态设计

8.5.1 磨蚀作用的设计要求

磨蚀是材料在腐蚀和磨耗的综合作用下所产生的破坏现象，也称磨耗腐蚀。应针对结构及构件易遭受流水(砂)冲刷的典型部位进行磨蚀耐久性能设计。

条文说明

磨蚀是混凝土结构及构件遭受流体运动等机械作用的结果，流动的液体或气体不断冲刷材料表面，不仅直接磨耗材料，而且破坏材料表面的保护膜，使新鲜的材料表面不断与腐蚀性流体接触，加速了腐蚀作用。当流体中含有固体粒子时磨蚀更为严重。

磨蚀破坏的主要形式有两种：冲磨和空蚀。

冲磨是由于在高速水流作用下砂石颗粒具有一定的动能，在随水流流过混凝土表面时会把部分能力传给材料，造成材料质点剥落。这种破坏与砂石特性、水流流速及含沙量、过水表面体型特征等条件有关。

空蚀是在桥墩、水工建筑物的体型不规则、表面不平整处，以及由冲刷磨损引起的表面凹坑处的高速水流会与边界产生分流，从而降低局部的动水压强。当流场中液体压强减小至饱和蒸汽压时，液体的连续性即遭破坏，水中的气核急剧膨胀，形成充满蒸汽和空气的空泡，当空泡再次进入相邻的高压区时，这些空泡随即溃灭，形成空穴。当空穴现象发生在混凝土表面时，表面材料就受到空泡溃灭产生的巨大冲击力作用，由于空泡的产生、发展、溃灭是一个连续的过程，使混凝土表面连续受到巨大的冲击作用。当冲击力超过混凝土材料的内聚力或冲击作用超过材料的疲劳极限时，材料内部产生裂纹并发展，最终导致表面材料剥落。

混凝土结构出现磨蚀破坏有以下三种情况：路面、机场跑道、地坪等受到轮胎、行人等的摩擦作用而造成；桥墩、水工泄水建筑物受夹带泥砂、砾石的水流的摩擦、冲刷作用；水工泄水建筑物表面受到高速水流空化作用而引起的空蚀剥损。

8.5.2 磨蚀作用的极限状态设计表达式

磨蚀环境中，将混凝土结构表面出现明显损伤作为耐久性能极限状态的标志。为了保证结构能达到预期的设计使用寿命，磨蚀率应符合式(8.5-1)的要求。

$$M_R \geqslant \gamma M_s \tag{8.5-1}$$

式中：M_R——保证结构正常使用所应满足的设计磨蚀率；

M_S——设计使用寿命时刻，混凝土材料的实际磨蚀率；

γ——磨蚀环境分项系数，可按式(8.5-2)确定，具体参数含义及取值参见条文说明。

$$\gamma = \gamma_i \gamma_c \gamma_\sigma \gamma_{mt} \gamma_{cu} \gamma_u \gamma_{ma} \gamma_m \tag{8.5-2}$$

式中：γ_i——结构或构件的耐久性重要性系数：对设计使用寿命为100年及以上的结构及构件不应小于1.1；对设计使用寿命为50年的结构及构件不应小于1.0；对设计使用寿命为5年及以下的结构及构件不应小于0.9。

γ_c——耐久性设计的模型不确定性系数：考虑采用的是成熟的计算模型或是基于试验数据。鉴于磨蚀环境中，磨蚀率的测定受到试验方法、检测评定指标等的影响，取为1.1。

γ_σ——工作应力影响系数：受压时取1.0，受拉时取1.1。

γ_{mt}——混凝土材料影响系数：对于钢筋混凝土结构体系取为1.0；对于高强混凝土、采用引气剂与减水剂复合的混凝土或掺加硅粉的混凝土，可在0.8～1.05范围内取值。

γ_{cu}——混凝土养护浇筑影响系数：对于结构混凝土由于振捣不密实可能产生分层的情况，取1.3(如截面高度较大的梁)；如果能保证混凝土的质量与实验室中试件的质量一致，可取1.0。

γ_u——使用水平参数：这个参数表征了建筑使用对结构寿命的影响。对特定用途的空间而言，组件的安装或装配都与构造相关。除了遭受机械劣化作用或磨蚀的影响，可在0.8～1.0范围内取值。

γ_{ma}——管养水平影响系数：该参数表征了某特定结构或构件在使用寿命期内，对侵蚀介质的维护/维修水平，取决于建设单位要求达到的维护要求，取值范围为0.8～1.0。若建设单位或使用者要求适当提高混凝土强度、增加混凝土表面防护等维护/维修要求，可取1.0；对于没有提出特殊管养要求的情况，可取为0.9。

γ_m——磨蚀环境的影响系数，可从表6.4-5中选取。

条文说明

结构及构件的磨蚀率可通过调查取用，如无数据资料，可参照本指南表7.5-2选用。

采用公式(8.5-1)检验结构及构件的耐磨蚀能力时，如环境中存在侵蚀性介质

（如氯离子和硫酸根离子），应结合相应的极限状态方程进行检验。若不满足，应调整结构的初步设计方案，具体做法除优选原材料（如硅粉和外加剂）、调整混凝土配比、增大保护层厚度以提高混凝土强度等级外，尚应采取有效的防护措施，如耐磨砂浆，提高混凝土结构及构件表面的耐磨蚀能力。

8.5.3 磨蚀率的确定方法

混凝土的磨蚀率宜参照《水工混凝土试验规程》（DL/T 5150—2001）中的试验方法确定。

条文说明

本条目参考《水工混凝土试验规程》（DL/T 5150—2001）中的试验方法，评价水平可参见《桥梁结构用耐久性混凝土设计与施工手册》（人民交通出版社，2012）。

9　本指南用词说明

为便于在执行本标准条文时区别对待，对执行标准严格程度的用词说明如下：

表示很严格，非这样做不可的用词：

正面词采用"必须"，反面词采用"严禁"。

表示严格，在正常情况下均应这样做的用词：

正面词采用"应"；反面词采用"不应"或"不得"。

表示允许稍有选择，在条件许可时首先应这样做的用词：

正面词采用"宜"；反面词采用"不宜"。

表示有选择，在一定条件下可以这样做的，采用"可"。

条文中指明应按其他相关标准、规范执行的写法为："应按……执行"或"应符合……要求或规定"。

附录 A　耐久性设计的数值计算方法

附 A.1　适用条件

传统的经验性公式可解决一般情况下的耐久性问题，然而对于采用特殊材料、特殊构造或者处于特殊环境条件下的混凝土构件，宜采用数值方法分析其耐久性能退化过程。

1　特殊材料

传统的经验性公式一般针对的是各向同性及均质的材料，即材料性能在各个方向上，在各个区域内都是一样的。对于各向异性材料，经验性公式将会遇到不小的困难，但利用数值模拟方法进行求解，只需要在 x 和 y 方向上分别设定不同的材料属性即可；对于非均质材料，也只需要对不同区域的单元赋予不同的材料属性即可。因此，数值方法在求解特殊材料的耐久性退化问题时具有比较大的优势。

2　特殊构造

多数耐久性退化过程可简化为一维问题，但对于某些局部构造的耐久性问题则必须在二维平面或三维空间上讨论。如：混凝土角区的耐久性退化，混凝土开裂后的耐久性退化等等。附图 A.1-1 是一个混凝土开裂后的碳化模拟实例。采用经验性模型来解决此类问题会遇到无法克服的困难。

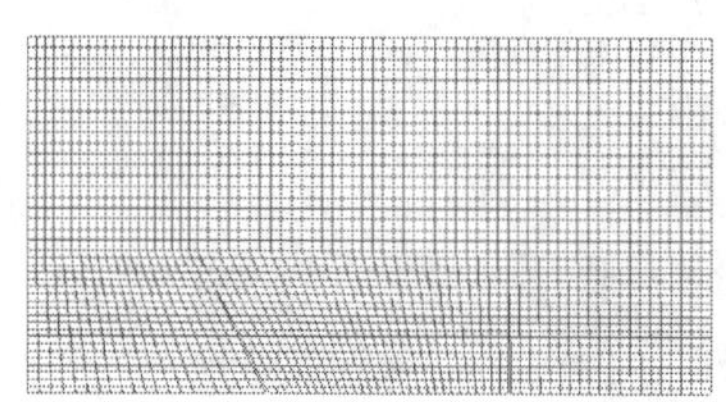
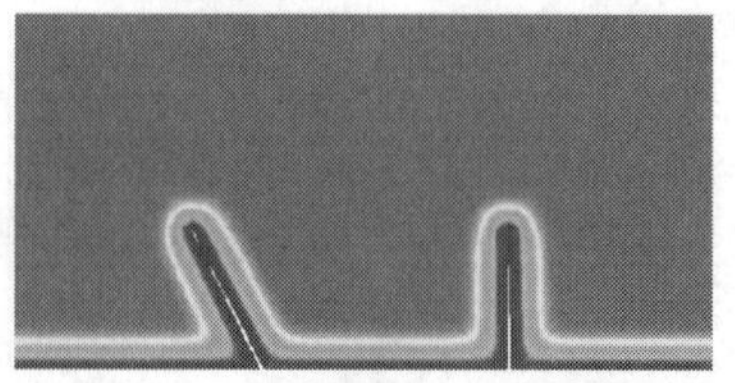

附图 A.1-1　混凝土开裂后的碳化过程模拟

目前常规的经验性模型一般都具有一定的理论基础，往往是通过对理论模型不断进行系数修正而形成的，但这些理论模型都具有一定的局限性。以氯离子扩散问题为例，理论基础是 Fick 第二定律的解析解：

$$C_{x,t}=C_0+(C_s-C_0)\left[1-erf\,\frac{x}{2\sqrt{Dt}}\right]$$

这个式子成立的条件之一是：计算区域为半无限空间。也就是说，构件几何尺度相比氯离子的侵蚀区域应为无穷大。对于某些混凝土箱梁的腹板以及顶底板而言，在构件寿命期内，其厚度相比氯离子侵蚀深度不能视为无穷大，因此不宜采用上式计算氯离子的浓度。而应该采用数值模拟的方法，选取构件实际的几何模型进行计算，如附图 A.1-2 所示。

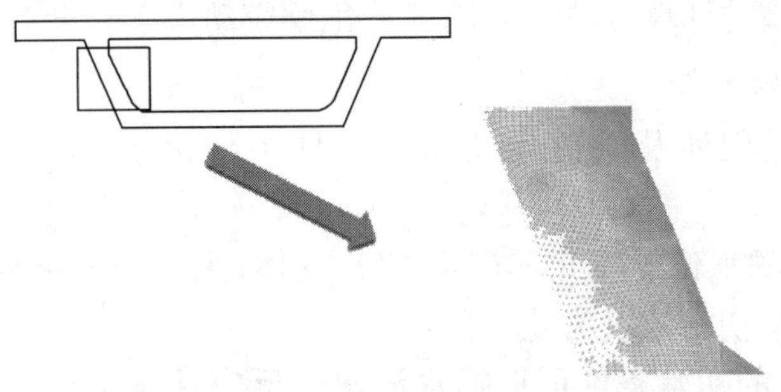

附图 A.1-2　混凝土箱梁腹板氯离子侵蚀过程计算模型

3　特殊环境

数值模拟方法可根据环境的变化及时修改模型的边界条件，从而方便考虑环境变化对耐久性退化过程的影响。因此，在处理类似干湿循环下的氯离子侵蚀过程等问题时，数值模拟方法具有明显的优势。

附 A.2　耐久性失效前的数值计算方法

附 A.2.1　碳化作用

与经验性公式不同的是，混凝土碳化过程的数值模拟方法并不直接计算混凝土的碳化深度，而是根据物质质量的守恒方程，计算物质的浓度分布。一般而言，基于化学反应动力学的碳化过程有限元数值方法包括如下几个方面：

1　控制方程

混凝土碳化过程主要涉及以下四种化学反应：

$$Ca(OH)_2+CO_2\rightarrow CaCO_3+H_2O$$

$$C_3S_2H_3+3CO_2\rightarrow 3CaCO_3\cdot 2SiO_2\cdot 3H_2O$$

$$C_3S+3CO_2+\gamma H_2O\rightarrow SiO_2\cdot \gamma H_2O+3CaCO_3$$

$$C_2S+2CO_2+\gamma H_2O\rightarrow SiO_2\cdot \gamma H_2O+2CaCO_3$$

其中，$Ca(OH)_2$ 和 CO_2 的反应是最主要的，在数值模拟中必须考虑。CSH

尽管在含量上与 $Ca(OH)_2$ 相当，但反应速率较低；而 C_3S 和 C_2S 在水化充分的混凝土中含量很低。因此这三种物质与 CO_2 的反应不是特别重要，在数值模拟中可以忽略。

根据物质质量的守恒定律，$Ca(OH)_2$ 和 CO_2 的控制方程一般具有如下所示的形式：

$$\partial_t[CO_2(g)] = \mathrm{div}\{D_{CO_2(g)}\mathrm{grad}[CO_2(g)]\} - k_{C,CO_2}[CH(s)][CO_2(g)]$$

$$\partial_t[CH(s)] = -k_{C,CH}[CO_2(g)][CH(s)]$$

其中，k_{C,CO_2} 和 $k_{C,CH}$ 的计算方法与采用的碳化反应动力学模型有关。

2　边界及初始条件

混凝土碳化过程涉及的边界及初始条件主要包括 CO_2 和 $Ca(OH)_2$ 两种物质。

(1)由于水泥的水化反应并不产生 CO_2 气体，因此一般可认为新制成的混凝土构件内部的 CO_2 初始浓度为 0。

(2)$Ca(OH)_2$ 的初始条件可根据水泥水化反应预测。对于普通硅酸盐水泥，水化反应主要涉及：

$$2C_3S + 6H \rightarrow C_3S_2H_3 + 3CH$$

$$2C_2S + 4H \rightarrow C_3S_2H_3 + CH$$

$$C_4AF + 4CH + 22H \rightarrow C_8(A,F)H_{26}$$

$$C_3A + CH + 12H \rightarrow C_4AH_{13}$$

假定水泥水化完全，则根据水泥中的 C_3S 等物质的质量分数以及混凝土的配合比，可预测出 $Ca(OH)_2$ 的初始浓度。

(3)一般大气环境中，CO_2 的体积浓度为 0.035%。因此，无法测定实际 CO_2 浓度时，可取 0.035%作为 CO_2 的边界条件。但必须指出，桥梁局部环境中的 CO_2 浓度有时会大于 0.035%，特别是在工业污染比较严重的地区，此时宜根据实测结果确定 CO_2 边界条件。

(4)在整个混凝土碳化过程中，$Ca(OH)_2$ 无法从外界补充，也无法向外界扩散，因此应当采用 Neumann 边界条件：

$$\{\mathrm{grad}[CH(s)]\}|_\Gamma = 0$$

3　计算结果的后处理

由于实际工程中多采用碳化深度作为混凝土碳化作用的耐久性指标，因此，为使得数值模拟结果能够应用到实际工程中，必须建立物质浓度与碳化深度之间的关系。

我们通常所说的碳化深度是根据酚酞的滴定试验定义的，酚酞的变色范围为 8.0～10.0(pH 值)，因此 pH 值小于 8.0 的区域为碳化区。根据这一结果，可先

由 $Ca(OH)_2$ 浓度算出构件截面上各点的 pH 值，然后识别出 pH<8.0 的区域，进而确定碳化深度。

根据 pH 值的定义，混凝土孔隙溶液的 pH 值可按下述原始公式计算：

$$pH = 14 + \log(a \cdot [CH(l)]/[CH(l)]^0 + b)$$

其中，$[CH(l)]$和$[CH(l)]^0$ 分别为 $Ca(OH)_2$ 的实际浓度和初始浓度；a 和 b 为两个无量纲的待定系数。对于未碳化区，理论 pH 值为 12.65，据此算得 $a=4.47\times10^{-2}$；对于完全碳化区，理论 pH 值为 7.0，据此算得 $b=1.0\times10^{-7}$。同时假定碳化反应过程中，溶解态和固态 $Ca(OH)_2$ 等比例消耗，即在任何位置、任何时间，有如下关系式：

$$\frac{[CH(l)]}{[CH(l)]^0} = \frac{[CH(s)]}{[CH(s)]^0}$$

由此得到 pH 值的计算公式为：

$$pH = 14 + \lg(4.47 \times 10^{-2}[CH(s)]/[CH(s)]^0 + 1.0 \times 10^{-7})$$

附 A.2.2　氯离子侵蚀作用

与混凝土碳化过程类似，氯离子侵蚀过程的有限元数值方法一般也包括以下几个方面：

1　*控制方程*

氯离子侵蚀过程主要包括三种机理：

(1)扩散：氯离子在自身浓度梯度的作用下发生的定向移动；

(2)对流：氯离子随着载体(水分)传输而发生的定向移动；

(3)迁移：氯离子在电场作用下发生的定向移动。

上述三种机理作用下的氯离子流通量可表述为：

$$J_d = -D_{Cl}\mathrm{grad}C_f$$

$$J_d = vC_f$$

$$J_m = -D_{Cl}\frac{zF}{RT}C_f\mathrm{grad}\phi$$

在上述三个等式中，D_{Cl}为氯离子有效扩散系数(m^2/s)；v 为氯离子载体的流动速度(m/s)；z 为氯离子的化合价($z=1$)；F 为 Faraday 常数，$F=9.65\times10^4$ A·s/mol；R 为气体常数，$R=8.31$J/mol/K；T 为温度(K)；ϕ 为电势(V)。

上述三种机理并不总是同时存在，某些情况下，可以只考虑其中一种或两种机理的作用。例如，对饱和混凝土而言，可以只考虑扩散机理；对于非饱和混凝土，需同时考虑扩散和对流机理；而迁移机理由于自然条件下，构件的电势差很小，因此一般可以不予考虑。

2　边界及初始条件

求解氯离子侵蚀过程的控制方程时，边界条件应根据实际情况选取。具体而言，在解决氯离子扩散问题时，应采用 Dirichlet 边界条件：

$$C_f|_{\Gamma} = C_0$$

其中，C_0 为构件的表面氯离子浓度。对于干湿循环过程中的氯离子对流扩散问题，当构件处于湿润状态时，应采用 Dirichlet 边界条件；当构件处于干燥状态时，应采用 Neumann 边界条件：

$$(\mathrm{grad}C_f)|_{\Gamma} = 0$$

表面氯离子浓度的取值有多种方法。例如：DuraCrete 根据混凝土的水灰比和构件区域（水下区、浪溅区、潮差区、大气区）确定表面氯离子浓度；Life365 则同时考虑了构件区域以及结构到海岸线的距离两种因素的影响；我国的 CECS220：2007 则根据混凝土的抗压强度确定表面氯离子浓度，其思想与 DuraCrete 基本一致。本指南推荐采用 Life365 的方法。

目前我国规范对混凝土内部含有的氯离子浓度有严格的规定，新制成的混凝土含有的氯离子浓度处于一个非常低的水平。因此，在计算氯离子侵蚀过程时，一般可认为氯离子的初始条件为：

$$C_f|_{t=0,\Omega} = 0$$

海砂混凝土在制备过程中引入的氯离子比一般混凝土多，因此宜根据试验结果确定氯离子的初始浓度。

3　计算结果的后处理

对于氯离子侵蚀过程而言，基于经典 Fick 定律的控制方程的求解能够得到计算模型任意时刻、任意位置的氯离子浓度，但耐久性验算中所需要的仅仅是特定位置、特定时刻的氯离子浓度。因此，在方程求解之后，需要对计算结果进行适当的筛选。

附 A.3　耐久性失效后的数值计算方法

附 A.3.1　构件承载能力退化过程

一般而言，构件耐久性失效后的力学性能分析应按三个过程进行：(1)材料退化；(2)截面退化；(3)结构退化。这三者之间的关系如附图 A.3-1 所示。

1　材料力学性能退化

材料力学性能包括屈服强度、极限强度和弹性模量等材料参数。

目前对混凝土材料力学性能的退化研究大都集中在混凝土碳化导致混凝土

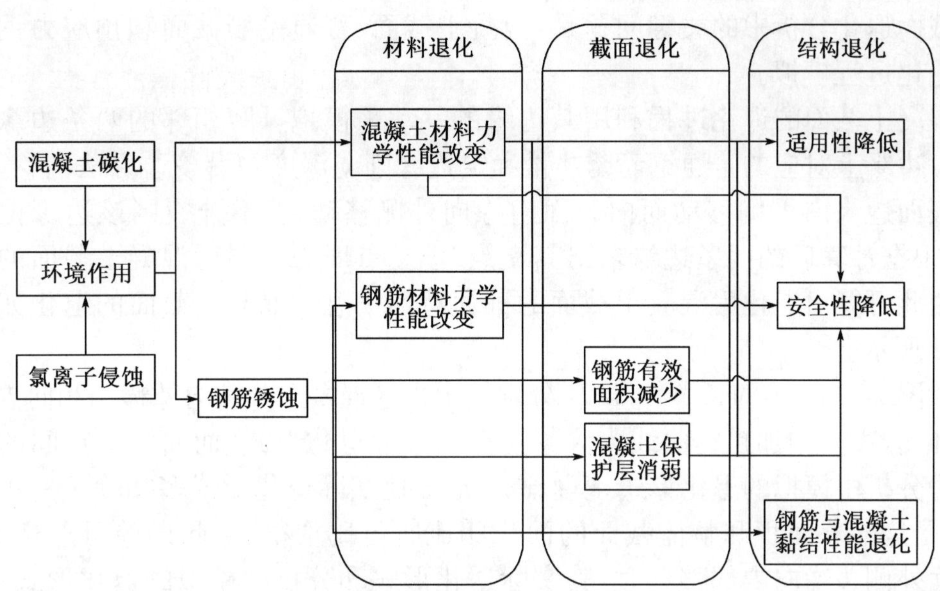

附图 A.3-1　构件力学性能演变分析流程

力学性能退化的研究,而关于其他退化形式对混凝土力学性能的影响则很少见到报道。各国学者公认的研究结论为:碳化对混凝土的力学性能有显著影响。随着碳化的发展,混凝土的抗压强度在初期有所提高,后期则会下降;而抗拉强度在碳化初期也有所提高;碳化与未碳化的混凝土试件具有相似的应力－应变全过程曲线。

通过对试验和工程实践所得数据的分析,国内外学者建立了许多锈后钢筋的力学性能退化模型,普遍认为:锈蚀初期钢筋发生均匀锈蚀,钢筋的屈服强度和抗拉强度基本不变,可以与母材相同来考虑;锈蚀率较大(有学者认为大于5%)时,钢筋产生不均匀锈蚀即坑蚀,由于应力集中导致钢筋的屈服强度和抗拉强度均降低,这时应考虑钢筋强度的折减。锈蚀对钢筋的弹性模量影响不大,建议锈后钢筋的弹性模量仍采用锈前的数值。

目前专门针对预应力钢筋的锈蚀研究集中于钢筋锈蚀之后的本构关系。本指南根据试验研究结果,给出了针对不同预应力锈蚀率的本构关系计算模型。

2　截面削弱

截面退化分析的主要过程为:以截面的边缘为基本单位,根据桥梁结构某时刻的时间信息、混凝土材料和构件的退化模型判断钢筋是否锈蚀,若锈蚀则计算钢筋锈蚀量;根据普通钢筋锈蚀量判断混凝土截面是否开裂,若开裂则混凝土保护层开始削弱,那么由钢筋锈蚀量计算得到削弱深度,再根据削弱深度计算截面控制节点的新坐标,并以此计算削弱后混凝土的截面特性;根据钢筋的锈蚀量计算其锈蚀后的截面特性信息。

截面退化分析中的关键问题是：混凝土截面、普通钢筋截面和预应力钢筋截面的退化过程模拟。

混凝土截面的退化过程利用其边缘的移动来模拟，即：相邻的两条边缘根据其各自边缘上对应的普通钢筋锈蚀量确定边缘削弱深度并沿该边缘法向移动，截面外表面边缘向里侧移动而内表面边缘向外侧移动，若不开裂则该边缘位置不变；再根据计算后的两条边缘求出其交点，该交点即为削弱后混凝土截面的控制点。由此可算出退化后混凝土截面的截面特性信息。混凝土截面的退化如附图A.3-2所示。

附图A.3-2中的A-A和B-B分别给出角区混凝土分别向外移动和向内移动时的详图，A-A中加粗的曲线为混凝土截面实际退化形式，而曲线端点间的虚折线则为分析中模拟的退化形式，模拟退化形式比实际退化形式多扣除了一小块面积，但是这部分面积和整体截面的面积相比所占比重很小，此误差可忽略不计。当截面外侧边缘向内部移动时，其实际退化形式和分析中模拟的退化形式一致，即如B-B中虚线的样子。

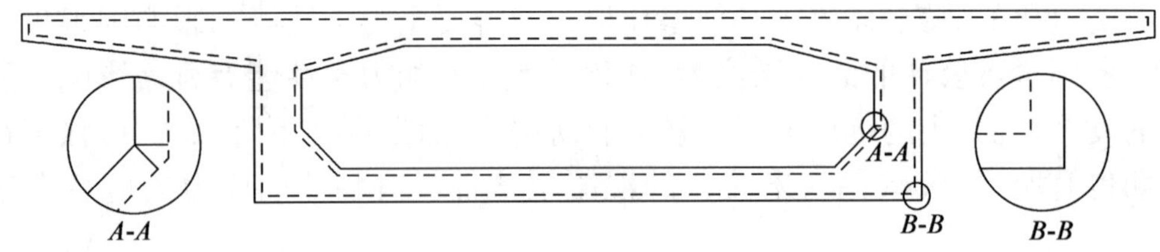

附图A.3-2　混凝土截面退化形式

普通钢筋的退化模拟也是以混凝土截面的边缘为单位，即根据某边缘的退化模型计算出普通钢筋的锈蚀量，从而得出锈蚀后某边缘的普通钢筋面积，而其保护层厚度和形心位置不变；再根据截面所有边缘锈蚀后的普通钢筋信息计算整个截面上的普通钢筋的截面特性信息。

预应力钢筋的退化模拟方法为：在截面退化分析中根据预应力钢筋对应边缘的退化模型计算出预应力钢筋的锈蚀量，根据锈蚀量得出结构构件截面处锈后预应力钢筋的面积，而其形心位置保持不变。

3　结构整体力学性能退化

结构退化分析的过程为：根据截面退化分析得出的结构某时刻的混凝土、普通钢筋和预应力钢筋的截面特性信息形成本阶段结构分析的模型信息；根据截面退化分析得出的结构某时刻的混凝土、普通钢筋和预应力钢筋的截面特性信息与上一时刻保存的不同材料截面的截面特性信息求出削弱的截面特性信息，并以此考虑自重的改变和内力重分布作用形成本阶段结构的等效荷载；根据结构信息和荷载信息求解本阶段的结构响应；最后进行本时间段的徐变收缩分析。

结构整体力学性能退化分析的关键问题是：混凝土截面自重变化和剥落混凝土截面、锈蚀普通钢筋和预应力钢筋截面内力重分布的模拟。

混凝土截面自重变化对结构影响的模拟方法为：考虑每个阶段剥落的混凝土形成的自重荷载反向作用在结构上来求解结构的响应；普通钢筋和预应力钢筋的锈蚀产物由于仍然包裹在钢筋周围，并不随混凝土截面的剥落而剥落，而锈蚀产物的自重与原钢筋的自重相比几乎没有差别，因此程序模拟中不考虑普通钢筋和预应力钢筋自重的改变。内力重分布对结构的影响，即每个阶段削弱的混凝土截面、普通钢筋截面和预应力截面承担的内力作用在截面被削弱后的结构上来求解结构的响应。

附 A.3.2　构件整体开裂过程

一般而言，有限元方法在模拟混凝土开裂问题时主要采用两种裂缝模型：(1)离散型裂缝；(2)弥散型裂缝。所谓离散型裂缝，是指在计算过程中真实模拟出裂缝的几何外形，并不断更新有限元网格。这种方法虽然能够得到裂缝的具体形态，但是由于在开裂尖端存在着应力集中，因此往往达不到预期的模拟效果。弥散型裂缝，是指在整个计算过程中，保持有限元网格不变，通过某个指标判断哪些单元已经开裂，然后修改这些单元的材料属性，达到模拟裂缝开展的效果。这种方法最大的问题是无法得到裂缝的具体形态，视觉效果有限。

离散元方法(DEM)的思想源于较早的分子动力学，是研究不连续体力学行为的一种新数值方法。该方法可以细致地模拟各离散元的相互作用，适用于模拟离散组合体的接触或碰撞过程。离散元方法应用于混凝土构件开裂过程模拟的基本思想是：首先将构件划分为若干个离散体，然后假定裂缝均沿着离散体的交界面发展。

附图 A.3-3 为一个钢筋混凝土梁开裂过程的离散元模型实例。

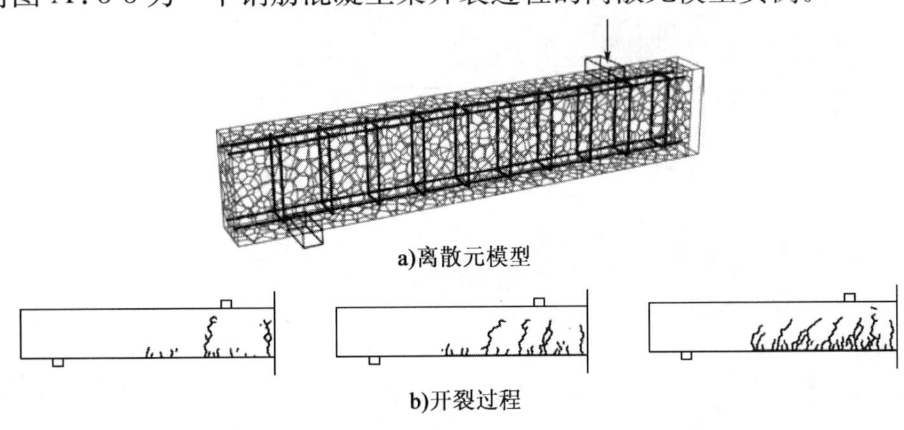

a)离散元模型

b)开裂过程

附图 A.3-3　某钢筋混凝土梁开裂过程的离散元模拟

刚体弹簧元模型(Rigid Body-Spring Model)是依据固体结构在极限荷载下形成由几个块体构成的机构,而发生运动的事实建立的,是以任意形状单元的任意点的位移作为基本未知量,用单元间虚拟弹簧网的作用功评价其内部变性能。划分单元是为了确定弹簧网的布置和力学参数,完成计算前处理后,整个计算过程就以弹簧网为对象而展开。附图 A.3-4 为一平面问题的刚体弹簧元模型。

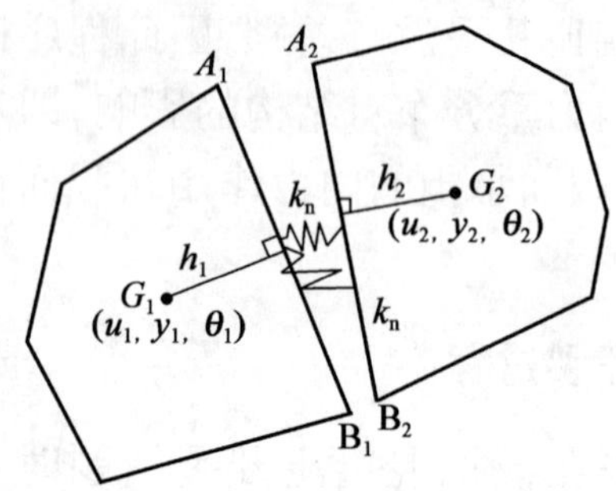

附图 A.3-4　平面问题的刚体弹簧元模型

附录 B　耐久性能演变分析

附 B.1　混凝土桥梁结构耐久性分析系统整体流程

混凝土桥梁结构耐久性分析系统主要包括三个部分，分别为数据输入、施工过程分析和退化过程分析，具体的分析流程如附图 B.1-1 所示。

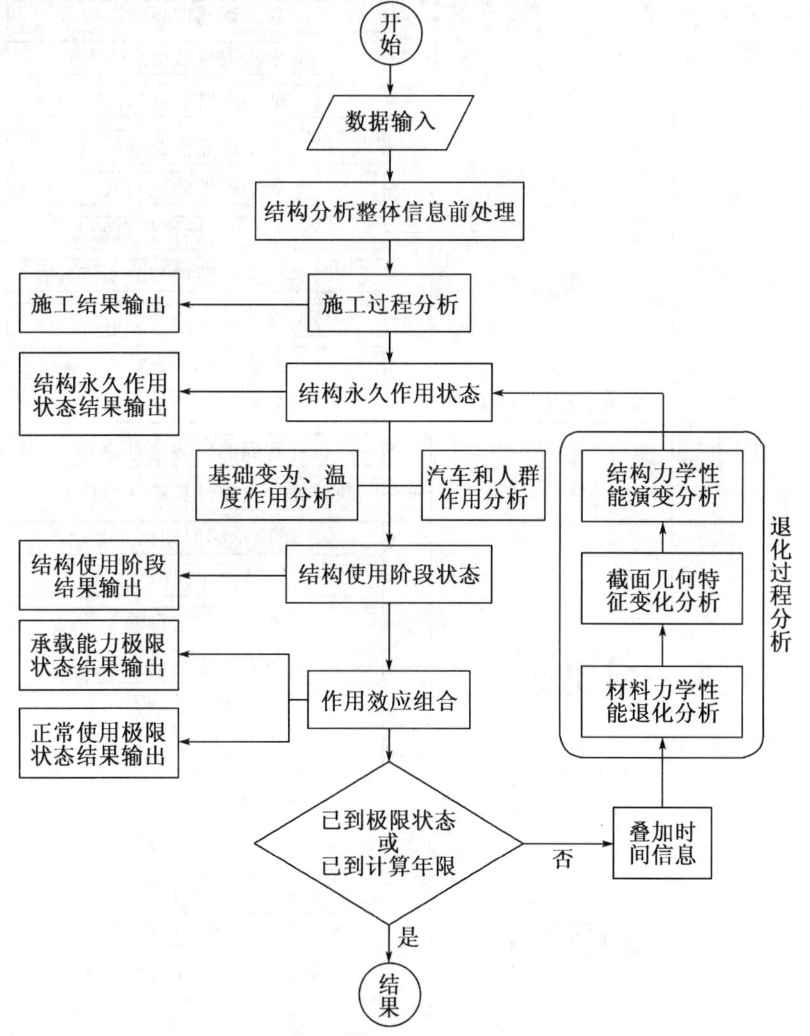

附图 B.1-1　混凝土桥梁结构耐久性分析系统流程图

附 B.1.1 数据输入

数据输入模块包括五个子模块：主控数据输入、施工数据输入、基础变位和温度作用信息输入、汽车和人群作用信息输入和耐久性分析信息输入。数据输入模块的结构如附图 B.1-2 所示。

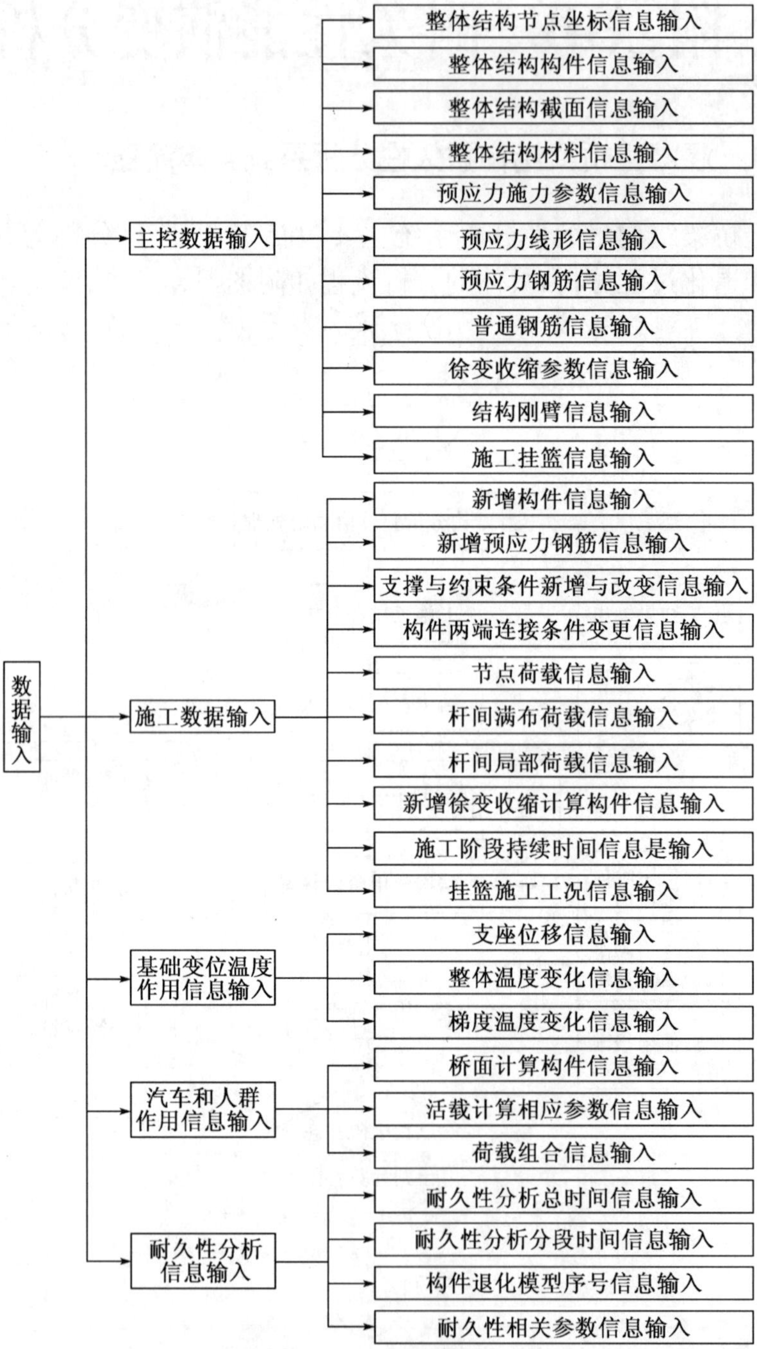

附图 B.1-2 输入数据结构

附 B. 1. 2 施工过程分析

混凝土桥梁结构耐久性分析系统根据《公路钢筋混凝土及预应力钢筋混凝土桥涵设计规范》(JTG D62—2004)中的要求,对混凝土桥梁施工过程中结构体系变化、预应力效应的影响进行了模拟,对不同材性的混凝土与其内所配预应力钢筋和普通钢筋之间,由于混凝土收缩徐变产生的结构内力和截面应力重分布进行了考虑,并编写了混凝土桥梁施工过程分析模块。具体流程如附图 B. 1-3 所示。

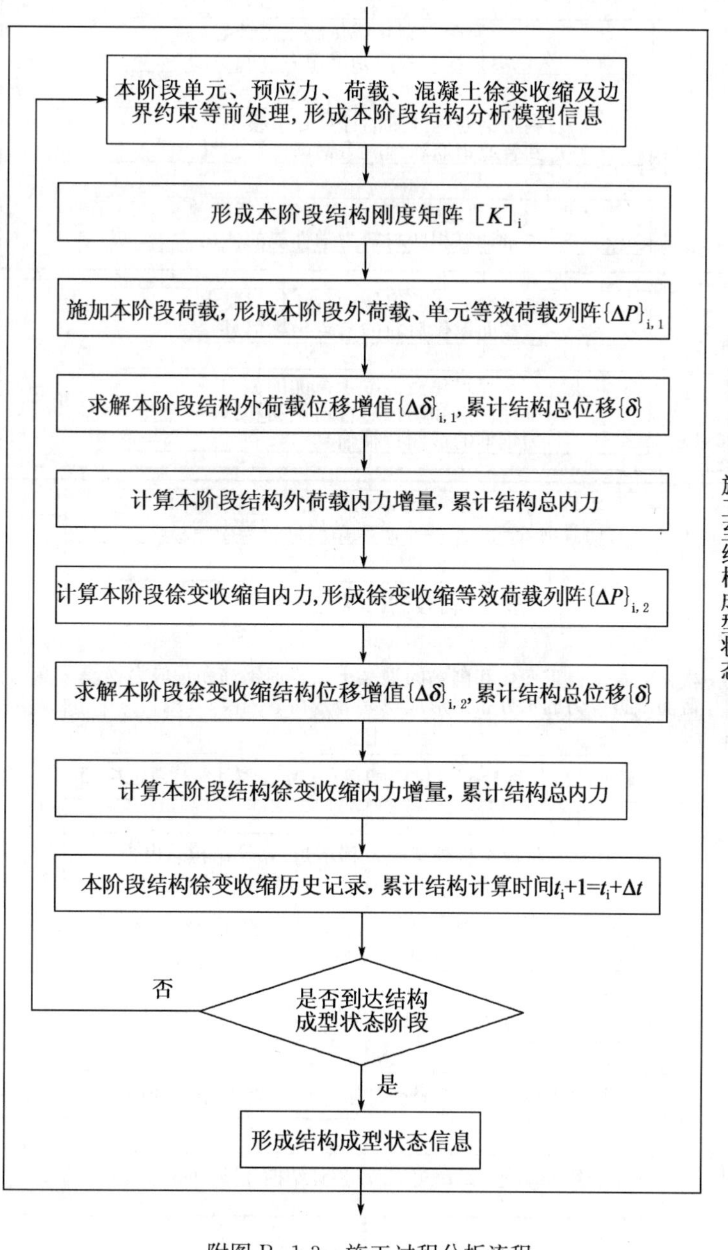

附图 B. 1-3 施工过程分析流程

附 B.1.3　退化过程分析

退化过程分析以施工过程分析所得结构成型状态为结构退化分析的初始状态，采用不同的数值方法模拟材料力学性能的变化过程、混凝土截面的退化过程以及钢筋截面的变化过程，结合时间信息生成的手段，通过内力重分布分析模拟结构整体力学性能的变化的过程。退化分析模块具体流程如附图 B.1-4 所示。

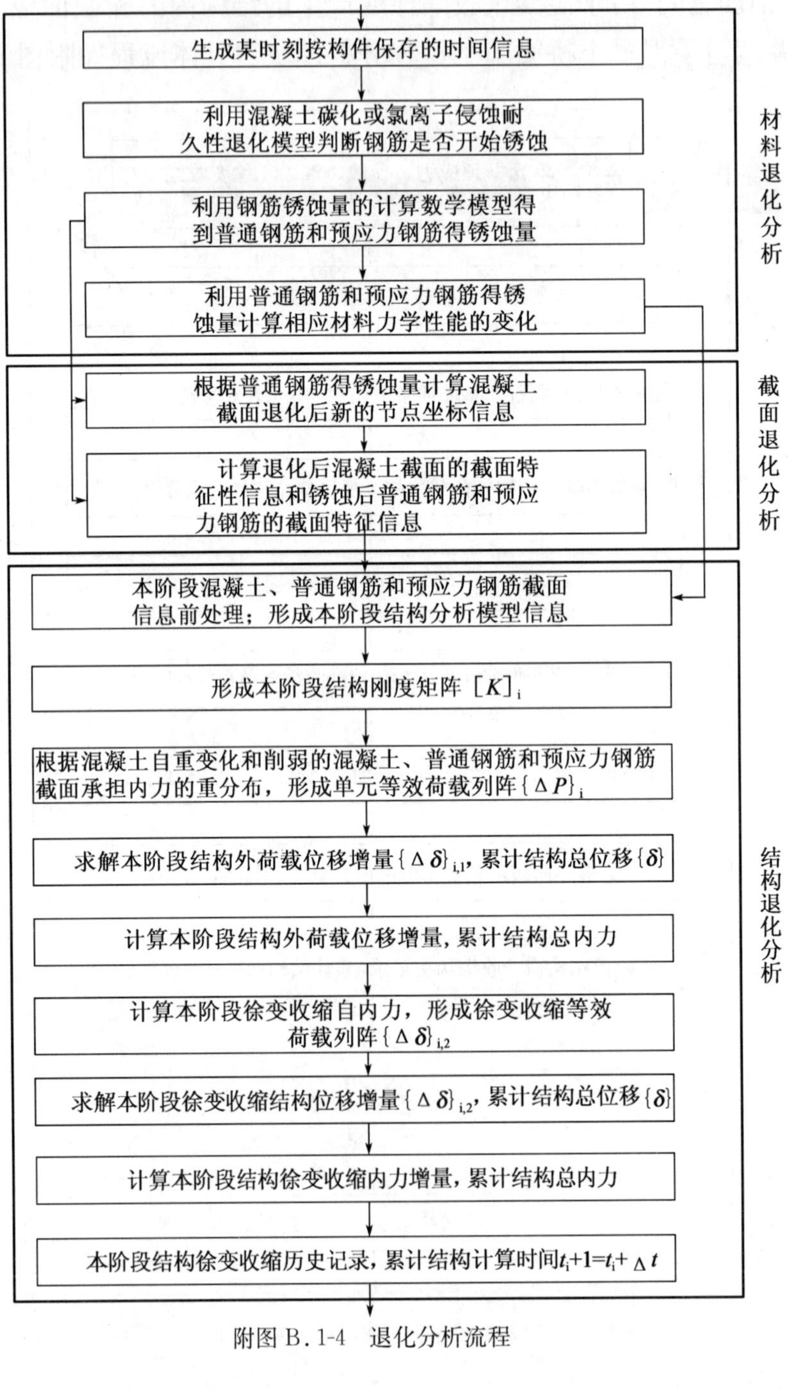

附图 B.1-4　退化分析流程

附 B. 1. 4　基于概率的混凝土桥梁耐久性分析方法

在桥梁结构参数和环境参数的概率分布形式可通过统计或文献确定时，可利用混凝土桥梁结构耐久性分析系统，进行结构可靠性分析，具体包括以下三个步骤：

(1)收集结构随机变量的观测和试验资料，主要包括结构参数和环境参数。其中结构参数中设计的随机变量主要来自荷载、材料性质和结构的几何尺寸等三个方面，环境参数则较为复杂，且目前研究上处于探索阶段，离实际应用存在较大距离。

(2)对不确定结构进行分析，计算得到结构的荷载效应，并由试验或统计资料得到结构的抗力。

(3)用概率统计方法计算满足结构破坏准则的结构的可靠度，目前工程上一般用可靠度指标来反映结构的可靠度。

附 B.2　混凝土桥梁性能演变过程分析介绍

附 B. 2. 1　数据输入

根据混凝土桥梁结构耐久性分析系统的要求，进行性能演变过程分析的第一个步骤为数据输入。需要输入的数据主要包括以下五个方面：

(1)主控数据：对结构组成进行描述的数据，如节点信息、构件信息、材料信息等；

(2)施工数据：对施工过程进行描述的数据；

(3)荷载数据：对桥梁结构承受的荷载情况进行描述的数据，如基础变位信息、温度作用信息、汽车荷载和人群荷载信息等；

(4)耐久性分析信息：对桥梁结构退化过程中的耐久性作用进行描述的数据，如耐久性分析时间信息、耐久性作用环境信息等。

附 B. 2. 2　截面性能退化初步分析

采用编号的形式对混凝土截面进行描述，在数据输入的基础上，利用材料退化模型，经过程序分析可得到混凝土截面各处退化的三个关键时刻，即普通钢筋开始锈蚀时刻、混凝土截面开始削弱时刻、混凝土保护层完全剥落时刻。由于混凝土截面各处对应的环境条件、保护层厚度、钢筋直径、应力水平的存在不同，其耐久性退化关键时刻也随之不同。

在此基础上，结合不同材料的面积损失情况，可对混凝土截面在寿命周期内的性能退化情况作出大致了解。

附 B. 2. 3　正常使用极限状态关键参数时变分析

综合考虑混凝土徐变收缩作用及耐久性环境作用的影响，对桥梁结构在正常使用极限状态下各个关键截面处的关键参数进行时变分析。对于普通钢筋混凝土桥梁，需要分析的关键参数主要包括跨中竖向位移；对于预应力钢筋混凝土桥梁，需要分析的关键参数主要包括混凝土截面正应力、预应力钢筋应力、普通钢筋应力及结构变形。

附 B. 2. 4　承载能力极限状态关键参数时变分析

选定桥梁结构的关键截面，综合考虑混凝土徐变收缩作用及耐久性环境作用的影响，分别求取关键截面的包络弯矩演变过程及关键截面抗弯承载力演变过程，通过对比两者的分析结果，判断桥梁结构是否会在设计使用周期内出现结构承载能力不能满足设计规范要求的情况；如有出现，则需重新对结构进行设计，直至结构承载能力在整个寿命周期内均能满足设计规范要求。

附录C 算 例 分 析

以某高架预应力混凝土 T 梁桥为例。

附 C.0.1 工程介绍

1 工程概况

某高架桥桥长 549.96m，主梁由预制预应力混凝土 T 形梁和现浇混凝土桥面铺装组合而成。上部构造采用先简支后结构连续的施工方法，简支梁采用满堂支架现浇的施工方式。下部为单柱薄壁墩、桩基础。

计算模型选取 $L=30$m 的一段简支梁的中梁为研究对象。简支梁全长29.4m，计算跨径 28.9m，简支梁立面如附图 C.0-1 所示。

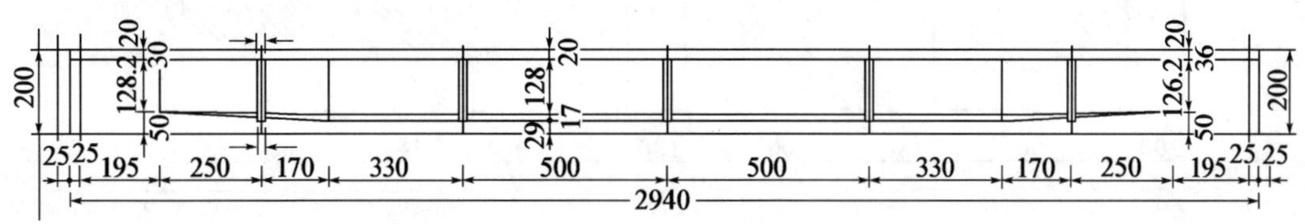

附图 C.0-1 T 梁立面布置(尺寸单位:cm)

主梁由 5 根 T 梁组成，梁高 200cm，其中中梁宽 180cm，边梁宽 200cm。主梁跨中和支点处断面布置如附图 C.0-2 和附图 C.0-3 所示。

T 梁按 A 类预应力混凝土构件进行结构设计。

2 主要材料

1)混凝土

预应力混凝土 T 梁(梁肋、行车道板、横隔板)采用 C50 混凝土，其水胶比为 0.35。

2)预应力钢筋

预应力钢筋采用 ϕ_j15.20mm 低松弛预应力钢绞线，抗拉强度标准值为 $f_{pk}=1860$MPa，弹性模量 $E=1.95\times10^5$MPa，公称面积 140mm^2。

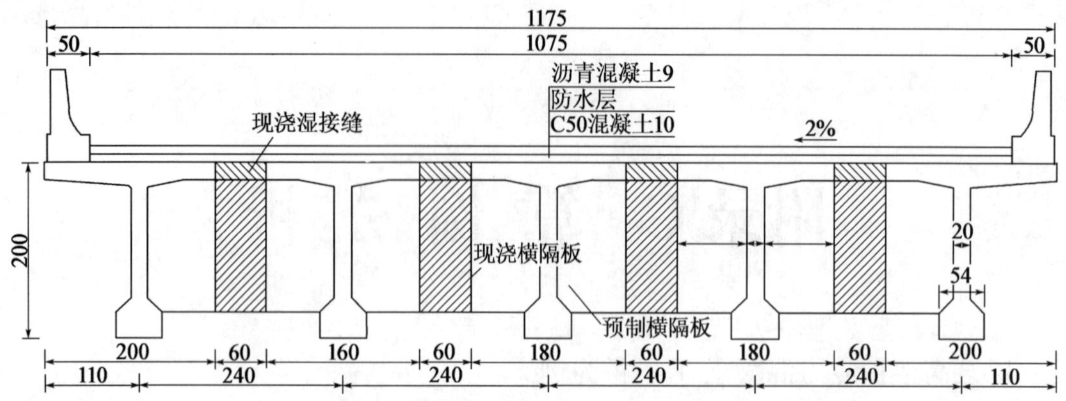

附图 C.0-2　跨中断面布置(尺寸单位:cm)

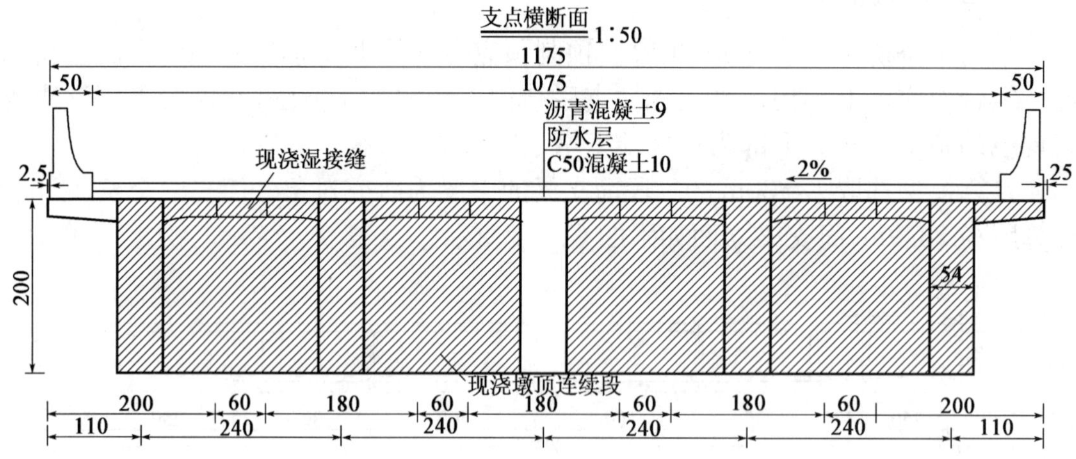

附图 C.0-3　支点断面布置(尺寸单位:cm)

3)普通钢筋

主要受力钢筋采用 HRB335,构造及其他钢筋采用 HPB235。

钢筋的抗拉、抗压强度标准值为:

HPB235 钢筋:$f_{sk}=235$MPa

HRB335 钢筋:$f_{sk}=335$MPa

4)预应力管道

预应力管道采用塑料波纹管,锚具参考 OVM、XM 等群锚体系设计。

5)桥面铺装

桥面铺装采用 9cm 沥青混凝土和 10cm 现浇 C50 聚丙烯纤维混凝土,二者之间设置防水层。

3 T 梁构造

1)跨中截面

跨中截面 T 梁梁高 200cm,顶面宽 180cm,顶板厚 20cm,腹板厚 20cm,底部马蹄宽 54cm,腹板倒角处采用圆弧过渡。附图 C.0-4 分别给出了跨中断面的实际形状和计算模型中的模拟形状。

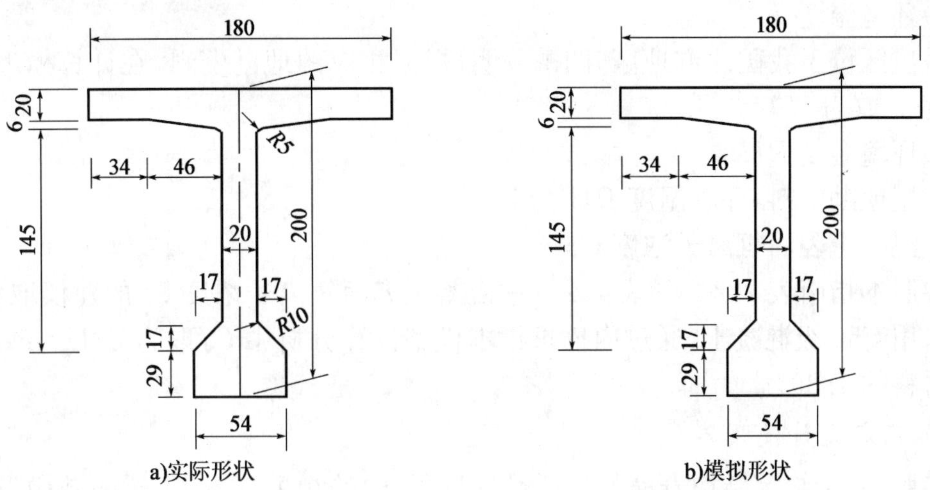

附图 C.0-4 跨中截面(尺寸单位:cm)

2)支点截面

支点截面 T 梁梁高 200cm,顶面宽 180cm,顶板厚 20cm,腹板厚 20cm,腹板倒角处采用圆弧过渡。附图 C.0-5 分别给出了支点断面的实际形状和计算模型中的模拟形状。

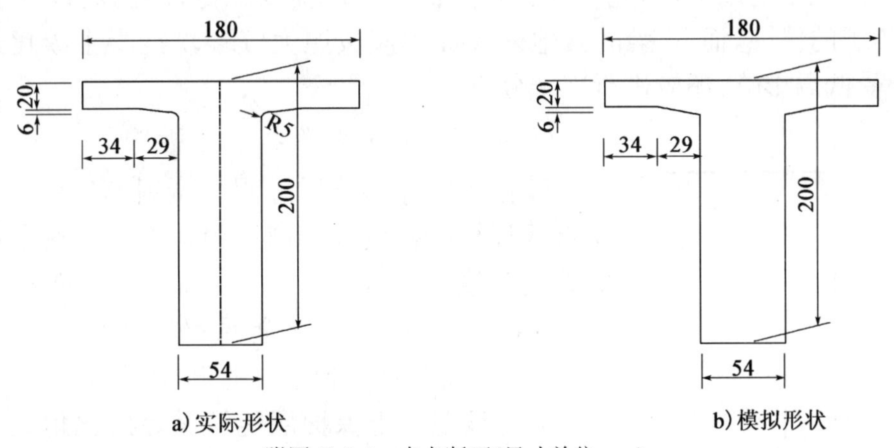

附图 C.0-5 支点断面(尺寸单位:cm)

4 环境参数

本桥位于我国东北地区,具有低温、冻融循环等不利环境条件。由于冬季大多时候气温在零度以下,为保障通车,高速公路路面结冰时需撒除冰盐,所以 T 梁的顶面受氯离子侵蚀，而T梁的其他外表面则应按照大气环境混凝土碳化进行分析，另外受低温影响，还应进行冻融分析。参照本指南第8章，耐久性退化模型中用到的环境参数包括环境温度T、环境湿度RH、钢筋锈蚀临界氯离子浓度C_{cr}、混凝土表面氯离子浓度C_s、局部环境系数m_{cl}和大气中CO_2浓度。以下分别介绍各环境参数的取值。

1)环境温度T

桥位区位于我国北方地区，四季分明，根据相应的地勘资料，在计算模型中环境温度T取为15℃。

2)环境湿度RH

根据地勘资料，环境湿度RH为75%。

3)混凝土表面氯离子浓度C_s

参照本指南表7.2-2和表7.2-3中混凝土表面氯离子浓度C_s的建议取值，本桥塔采用C50级混凝土，通过内插求得本模型计算分析中C_s取为5.4kg/m^3，约占胶凝材料的1.35%。

5　确定设计使用寿命

参照《基于给定结构寿命的桥梁设计过程》中的相关内容，本桥的结构设计使用寿命定为100年。

附C.0.2　耐久性极限状态验算

本桥位于我国东北地区，具有低温、冻融循环等不利环境条件。由于冬季大多时候气温在零度以下，因此高速公路路面会结冰需要撒除冰盐，所以T梁的顶面受氯离子的侵蚀，而T梁的其他外表面则应按照大气环境混凝土碳化进行分析，另外受低温影响，还应进行冻融分析。

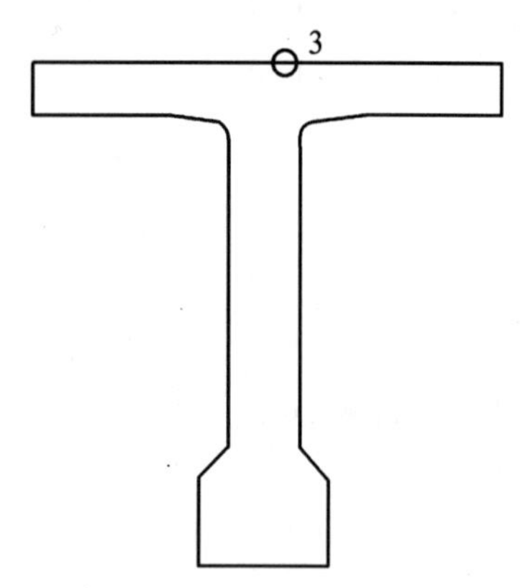

附图C.0-6　T梁跨中截面氯离子侵蚀验算点

1　碳化作用的极限状态分析

碳化作用计算分析过程见资料与实例8.1。非角点区计算所得设计寿命期内考虑分项安全系数后的碳化深度γx_0为8.04mm，角点区计算所得设计寿命期内考虑分项安全系数后的碳化深度为11.26mm，而验算点保护层厚度d为42mm，即$d>\gamma x_0$，表明该混凝土保护层能够满足碳化耐久性极限状态要求。

2　氯离子作用的极限状态分析

选取T梁跨中截面顶板位置进行氯离子侵蚀分析，如附图C.0-6所示。设计过程参见资料与实例

8.2。耐久性极限状态验算参数见附表 C.0-1，分项系数计算取值见附表 C.0-2。

耐久性极限状态验算参数表 附表 C.0-1

混凝土表面氯离子浓度基准值(占胶凝材料百分比)	C_{s0}	1.0%
混凝土初始氯离子浓度(占胶凝材料百分比)	C_0	0.1%
氯离子扩散系数(m^2/s)	D_0	$1.9e^{-12}$
扩散时间(a)	t_0	0.2466
保护层厚度(mm)	x	42
氯离子扩散系数的衰减系数	α	0.93
给定寿命(a)	t	100

分项系数计算取值表 附表 C.0-2

重要性系数	γ_i	1.1
模型的不确定性系数	γ_c	1.0
混凝土材料影响系数	γ_m	1.0
养护浇筑影响系数	γ_{cu}	1.0
使用水平参数	γ_u	0.8
模型参数取值安全系数	γ_{cb}	1.1
管养水平影响系数	γ_{ma}	1.0
氯盐环境作用等级影响系数	γ_l	1.2
分项系数	γ	1.16

计算可得设计寿命期内考虑安全分项系数后的氯离子浓度 $\gamma C_{0(x,t)}$ 为 1.24%(占胶凝材料百分比)，远大于表 8.2-1 中的临界氯离子浓度，顶板内钢筋锈蚀风险很大，即该处混凝土保护层不满足氯离子侵蚀的耐久性极限状态要求。

3　冻融作用的极限状态分析

本指南以快冻法的破坏标准，建立耐久性极限状态的表述形式。在结构或构件的设计使用寿命期内，混凝土的抗冻等级应满足式(8.3-1)。混凝土材料能经受的最大冻融次数按式(8.3-3)计算，所需参数见附表 C.0-3，其中，混凝土含气量按指南表 7.3-3 选用。

混凝土最大冻融次数计算取值表 附表 C.0-3

混凝土的含气量	A	0.06
水胶比	$W/(C+F)$	0.35
粉煤灰掺量	F	0.25

代入上述参数，计算得到混凝土能经受的最大冻融次数 N_s=156 次。

安全分项系数 γ 按式(8.3-2)计算，参数取值参照本指南 8.3.2 条目，见附表 C.0-4。

安全分项系数计算取值表 附表 C.0-4

重要性系数	γ_i	1.1
模型的不确定性系数	γ_c	1
混凝土材料影响系数	γ_m	1
工作应力影响系数	γ_σ	1
养护浇筑影响系数	γ_{cu}	1
使用水平参数	γ_u	1
模型参数取值安全系数	γ_{cb}	1.3
管养水平影响系数	γ_{ma}	1
冻融环境作用等级影响系数	γ_d	1.3

上述参数代入式(8.3-2)，得到安全分项系数 γ=1.859。

由上述计算可得设计寿命期内考虑安全分项系数后，T 梁顶面混凝土具有的抗冻等级 γN_S 为 290 次，而混凝土在设计使用寿命期内应满足的抗冻等级设计值为 300 次，即 $N_R>\gamma N_S$，该处混凝土保护层能满足相应的耐久性极限状态要求。

附 C.0.3 设计修正

从上述碳化、氯离子侵蚀和冻融耐久性极限状态分析可以看出，本桥顶板受除冰盐中氯离子侵蚀，混凝土保护层不能满足相应的耐久性极限状态要求。因此，需对桥梁结构的初步设计参数进行修正。

由耐久性极限状态验算过程可以看出，影响钢筋锈蚀关键时刻的耐久性设计参数中，混凝土保护层厚度 C 的影响最直接。因此，建议对初步设计方案中的保护层厚度进行调整。

初步设计中支点截面边缘的混凝土保护层厚度 C=42mm，混凝土保护层能满足碳化作用的耐久性极限状态要求。

而对于顶板的氯离子侵蚀，经过验算，顶板混凝土保护层厚度 C 增加到 60mm，设计寿命期内考虑安全分项系数后的氯离子浓度 $\gamma C_{0(x,t)}$ 为 0.322%（占胶凝材料百分比），满足氯离子侵蚀的极限状态方程 $C_{cr}\geqslant\gamma C_{0(x,t)}$。此外，还可通过增加表面防腐涂层、提高施工质量、管养水平及后期维护等环节改善混凝土耐久性，进一步使得该处混凝土保护层能够满足设计使用寿命期内氯离子作用耐久性极限状态要求。

附 C.0.4　性能演变分析

根据初步设计得到的结构参数、给定的环境参数以及设计使用寿命，利用《混凝土桥梁耐久性分析系统》对桥梁整体进行性能演变分析，得到不同材料的面积损失率、正常使用极限状态和承载能力极限状态下各项力学性能指标随时间的演变规律。

参照《混凝土耐久性评定标准》中混凝土碳化－钢筋锈蚀－结构整体性能退化、氯离子侵蚀－钢筋锈蚀－结构整体性能退化模型，可采用开发完善的耐久性分析系统计算 $t_{开始锈蚀}$、$t_{开裂}$ 和 $t_{性能严重退化}$。

1　性能演变分析结果

以下分别介绍不同材料的面积损失率、正常使用极限状态下各项力学性能指标和承载能力极限状态下各项力学性能指标随时间的演变规律。

1)不同材料的面积损失

如分析模型建立中所述，混凝土截面以其边缘为基本单位进行模拟。本模型梁混凝土截面的模拟如附图 C.0-7 所示，模型梁采用马蹄形 T 梁截面，跨中截面共有 14 条边缘，支点截面共有 10 条边缘，编号如附图 C.0-7 所示。经过程序分析得到关键截面耐久性退化关键时刻，如附图 C.0-8 所示，其中 a)为跨中截面、b)为支点截面。

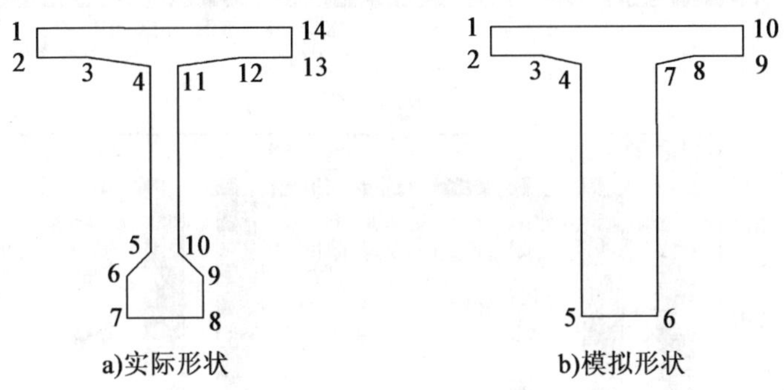

附图 C.0-7　混凝土截面模拟

各条边缘由于对应的环境条件、普通钢筋的保护层厚度、普通钢筋的直径、应力水平的不同，其耐久性退化关键时刻也随之不同。跨中截面普通钢筋最早锈蚀时刻为 51.1 年，发生在第 14 条边缘，相应的混凝土截面最早削弱时刻和混凝土保护层剥落时刻同样发生在第 14 条边缘，分别为 59.2 年和 60.5 年；第 14 条边缘即为 T 梁的顶部上缘，其普通钢筋受氯离子侵蚀作用导致锈蚀，因此其锈蚀时刻要远小于 T 梁截面的其他边缘。整个截面普通钢筋最晚锈蚀时刻为 151.4 年，发生在第 2 条边缘，相应的混凝土截面最早削弱时刻和混凝土保护层剥落时刻同样发生在第 2 条边缘，分别为 319.8 年和 331.7 年；第 2 条边缘为 T 梁截面的顶部下缘，其保护层厚度是所有边缘中最大的，达到了60mm，而其普通钢筋受混凝土碳化作用导致锈蚀，因此锈蚀时刻最小。

附图C.0-9分别给出了简支梁跨中和支点2个关键截面处普通钢筋和混凝土截面面积损失率随时间的变化。

可以看出，同附图C.0-8相对应，普通钢筋在成桥50年时开始锈蚀，在成桥100年时跨中截面的面积损失率达到16%，支点截面的面积损失率达到27%；混凝土截面同样在成桥50年后开始削弱，在成桥100年时跨中截面的面积损失率达到9%，支点截面的面积损失率达到7%。

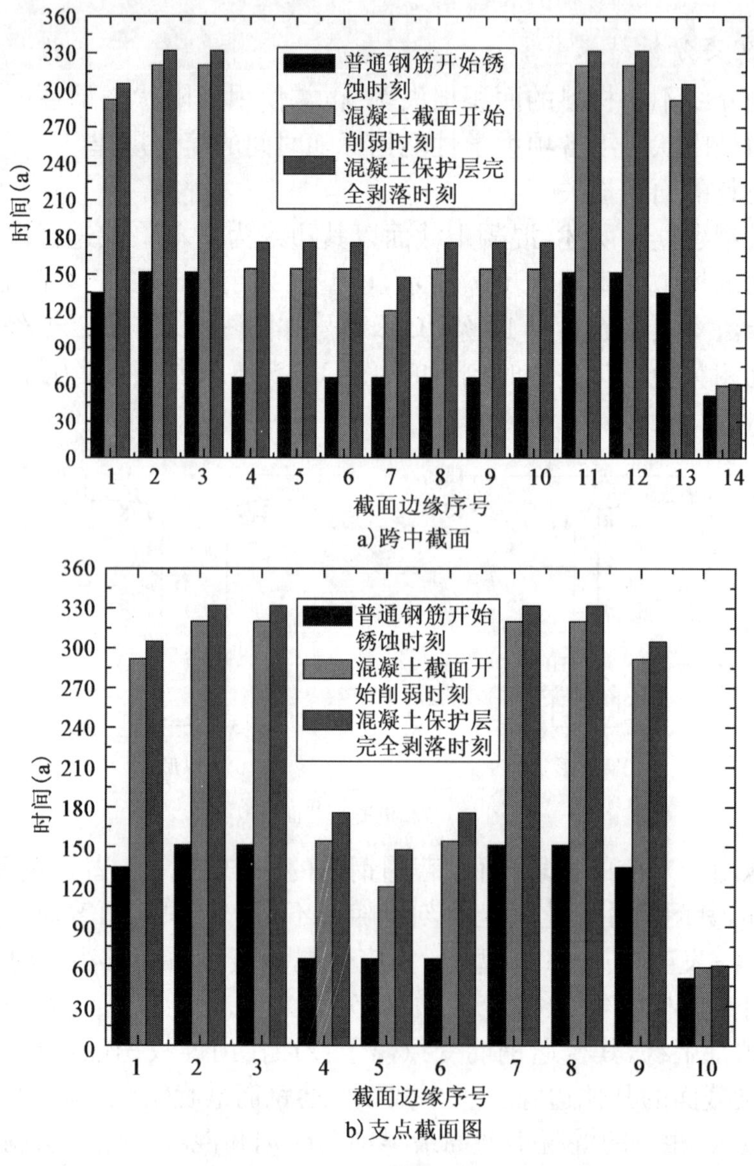

a)跨中截面

b)支点截面图

附图C.0-8　截面各边缘退化关键时刻

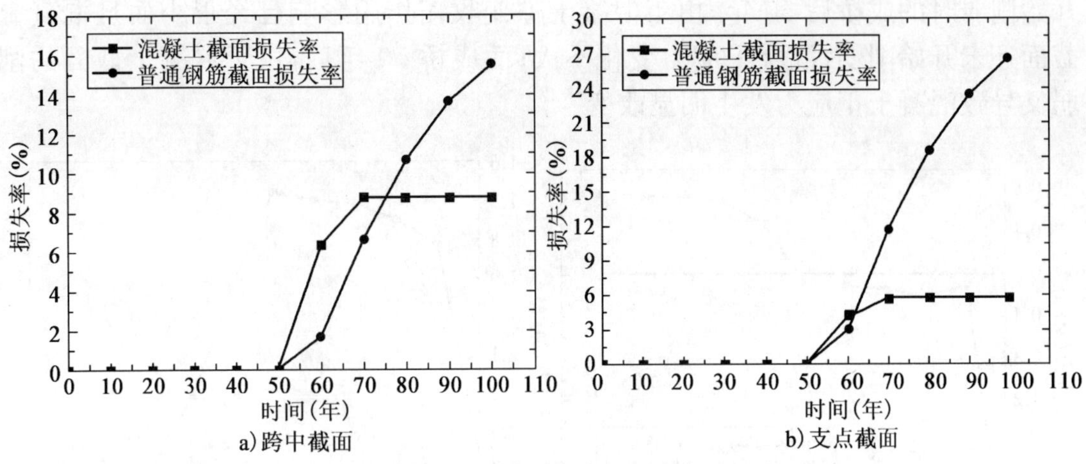

a)跨中截面　　b)支点截面

附图 C.0-9　普通钢筋和混凝土截面面积损失率

2)正常使用极限状态

正常使用极限状态主要考察混凝土截面正应力、预应力钢筋应力、普通钢筋应力和结构变形等几项力学性能指标。

(1)混凝土截面正应力

附图 C.0-10 和附图 C.0-11 分别给出了短期组合、长期组合状态下跨中截面下缘和支点截面上缘混凝土正应力随时间的演变过程(应力以拉为正、压为负,下同);附图 C.0-12 给出了持久组合状态下跨中截面上缘和支点截面下缘混凝土正应力随时间的演变过程。

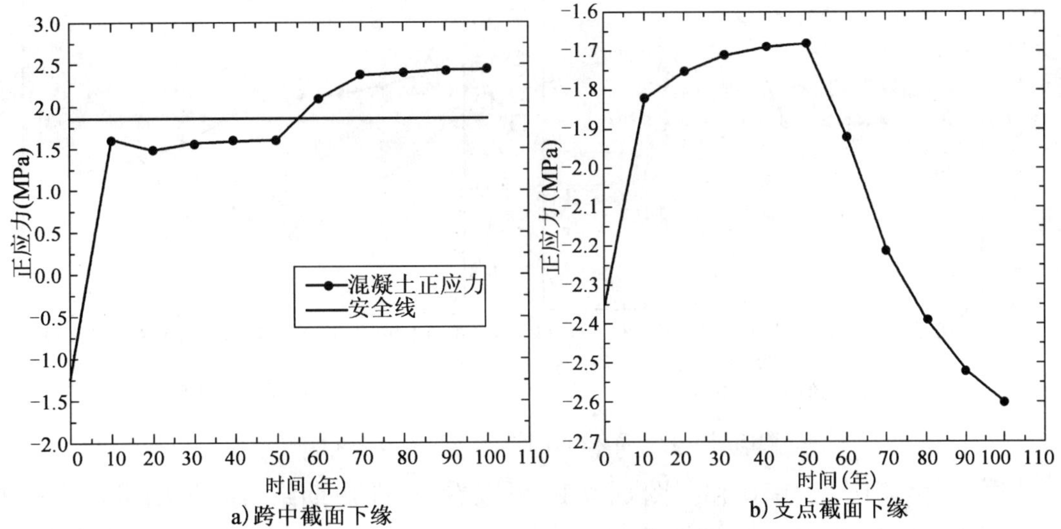

a)跨中截面下缘　　b)支点截面下缘

附图 C.0-10　短期组合下混凝土正应力演变过程

由附图 C.0-10~附图 C.0-12 可以发现,成桥后 10 年内整体结构由于混凝土徐变收缩作用导致的内力重分布现象明显;而从成桥后 10 年一直到混凝土截面开始削弱时的成桥后 50 年，由于混凝土徐变收缩作用影响已经很小而且混凝土截面还未开始削弱，混凝土应力变化不大；而成桥 50 年后，由于混凝土截面的削弱又导致混凝土正应力发生明显改变。

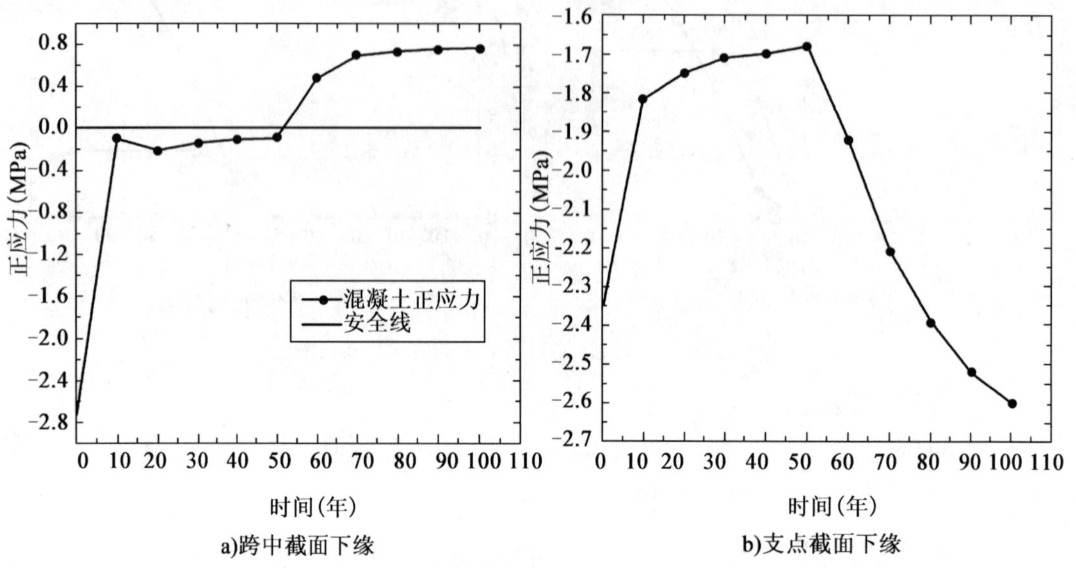

附图 C. 0-11　长期组合下混凝土正应力演变过程

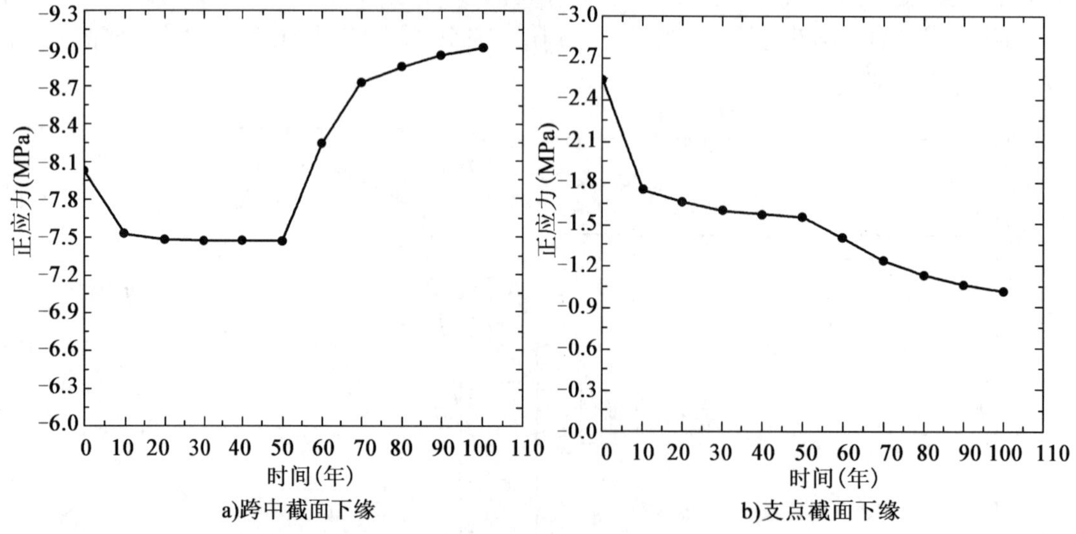

附图 C. 0-12　持久组合下混凝土正应力演变过程

同时，由附图 C. 0-10 和附图 C. 0-12 可以看出，在短期组合和长期组合下跨中截面下缘混凝土正应力在成桥 50 年后将超过安全线，即结构正常使用极限状态下的部分力学性能指标在成桥 50 年后将无法满足规范要求。

由附图 C. 0-10～附图 C. 0-12 还可以看出，混凝土截面削弱以前截面的正应力基本没有变化，说明在混凝土截面削弱前普通钢筋的锈蚀对预应力混凝土桥梁的整体力学性能影响很小。这是因为普通钢筋的面积相对混凝土的面积来说很小，故其损失的面积上的作用力对结构的影响也就很小。而随着混凝土截面开始削弱，结构的整体力学性能将发生显著改变。

(2)预应力钢筋应力

模型梁共有预应力钢筋 3 根，限于篇幅这里仅选用具有代表性的通长预应力钢筋 N1 为研究对象，研究其应力随时间的演变过程。

附图 C. 0-13 给出了预应力钢筋 N1 在关键截面处应力随时间的演变过程。其中附图 C. 0-13a)和 b)分别为预应力钢筋 N1 在跨中截面处和支点截面处的演变过程。

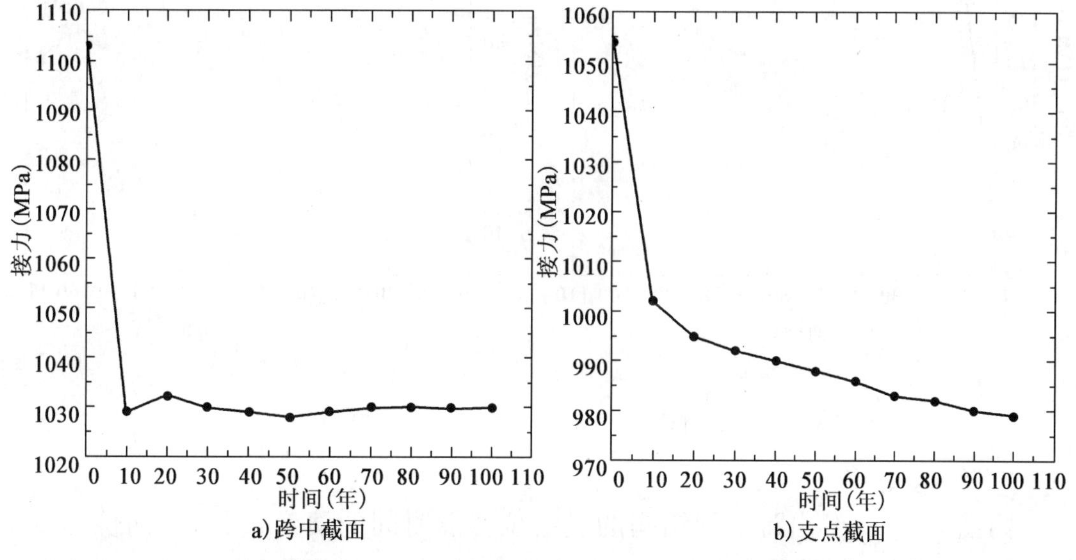

附图 C. 0-13　预应力钢筋 N1 应力演变过程

由附图 C. 0-13 可以发现，预应力钢筋应力的变化规律与混凝土应力的变化规律有所不同，即成桥初期由于徐变收缩导致显著的应力改变，而成桥后期由于环境作用的影响导致预应力钢筋的应力变化不是十分显著。这是由于在结构整个设计使用寿命期 100 年内预应力钢筋并没有发生削弱，而且其位置也没有发生变化，同时全截面的内力变化也不是很明显，因此虽然普通钢筋和混凝土截面都有一定程度削弱，但预应力钢筋应力基本保持不变。

(3)普通钢筋应力

附图 C. 0-14 分别给出了跨中截面和支点截面处普通钢筋应力随时间的演变过程。

从附图 C. 0-14 可以看出，成桥 10 年内由于混凝土徐变收缩作用的影响导致各关键截面处普通钢筋应力变化明显。例如跨中处截面普通钢筋应力在成桥时刻为－70.1MPa，而到成桥10年时则增加到－138.4MPa，应力几乎增加了一倍，混凝土徐变收缩作用导致的桥梁整体结构内力重分布现象明显；在成桥10年到成桥50年间，由于混凝土徐变收缩作用影响逐渐减小而且混凝土截面还未开始削弱，因此普通钢筋应力变化逐渐减小；成桥50年后，由于混凝土截面开始削弱，普通钢筋应力又有一定程度的增加，表现出截面受力性能退化导致的整体结构内力重分布现象。

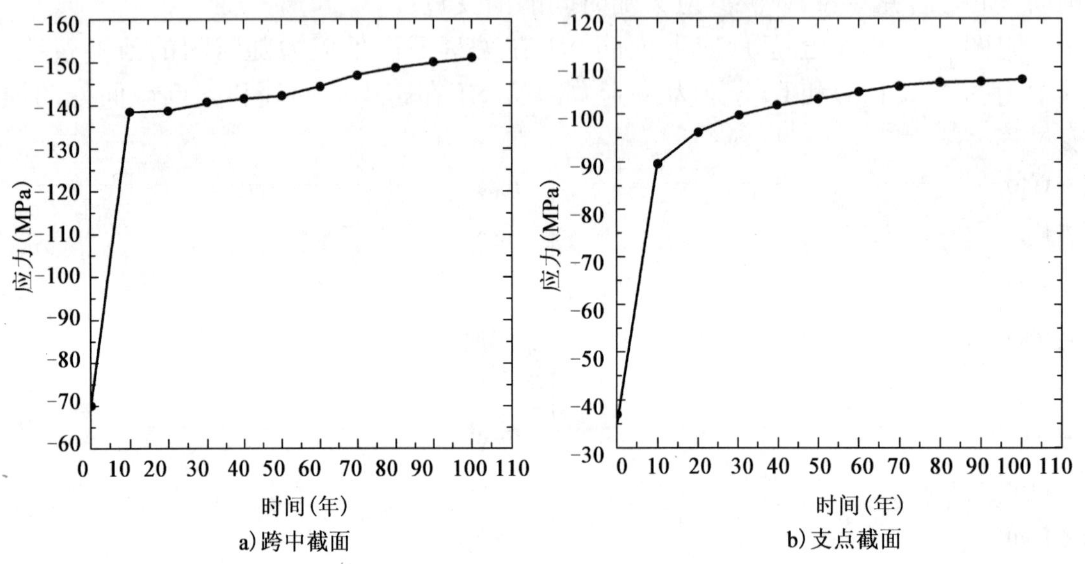

附图C.0-14　普通钢筋应力演变过程

(4)结构变形

附图C.0-15给出跨中处结构的竖向位移随时间的演变过程(竖向位移以整体坐标轴y正向为正，下同)。

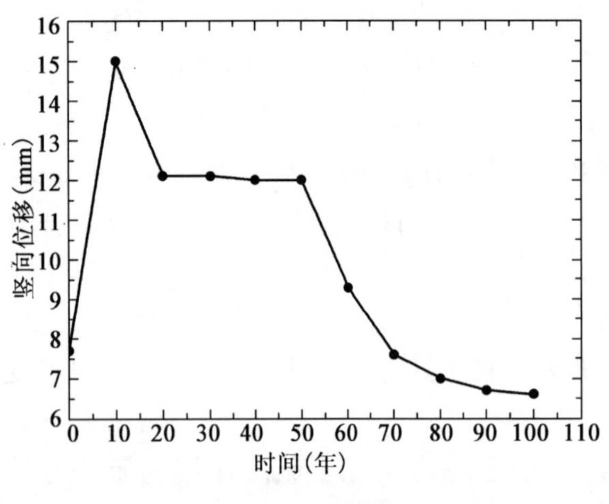

附图C.0-15　竖向位移演变过程

由附图C.0-15可以看出，成桥时刻跨中截面处结构的竖向位移为7.7mm，而在成桥10年后由于混凝土徐变收缩作用的影响竖向位移达到15.0mm，到成桥20年时又减小为12.1mm；在成桥20年到成桥50年间，由于混凝土徐变收缩作用的减弱以及混凝土截面还未开始削弱，竖向位移的改变量基本保持不变；成桥50年后，由于混凝土截面开始削弱，跨中截面的竖向位移又发生明显变化，到成桥100年时跨中截面处结构的竖向位移减小到 6.6mm。

3)承载能力极限状态

(1)包络弯矩

附图 C.0-16 给出了在承载能力极限状态下模型梁跨中处全截面的包络弯矩随时间的演变过程(包络弯矩以下缘受拉为正,受压为负,下同)。

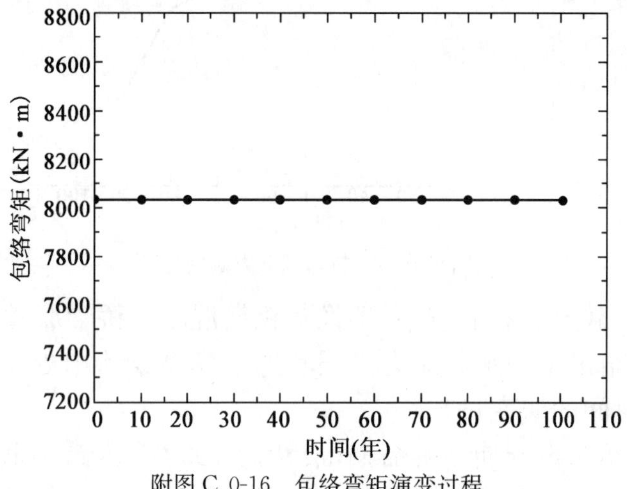

附图 C.0-16　包络弯矩演变过程

可以看出,在整个设计使用寿命期内跨中截面的包络弯矩没有发生变化,始终为 8033kN·m。对于简支梁来说,首先,在成桥初期混凝土徐变收缩作用不会引起全截面的内力重分布;其次,在成桥后期普通钢筋截面的削弱不会引起结构自重的变化及削弱截面的内力,也不会引起全截面的内力重分布;最后,由于只有顶部上缘的混凝土边缘会削弱,由其所在位置决定不会引起结构自重的变化及削弱截面的内力,也不会引起全截面的内力重分布。综上所述,跨中截面的包络弯矩在整个设计寿命期 100 年内不会发生变化。

(2)抗弯承载力

附图 C.0-17 给出了在承载能力极限状态下模型梁跨中处截面的抗弯承载力随时间的演变过程。

可以看出,从成桥时刻到成桥 50 年之间,由于普通钢筋和混凝土截面均未削弱,因此全截面的抗弯承载力保持不变,始终为 9983kN·m;而从成桥 50 年到成桥 100 年间,随着普通钢筋的锈蚀和混凝土截面的削弱,全截面的抗弯承载力开始逐渐减小,到成桥 100 年时减小到 9328kN·m,减小幅度为 7%。

对于预应力混凝土桥梁,预应力钢筋是承载能力极限状态下的主要抗弯材料。由于预应力钢筋的保护层厚度一般都较大,基本都在普通钢筋的 3 倍以上,因此在给定设计使用寿命期内预应力钢筋不会发生锈蚀,其截面面积也就不会削弱。所以,环境作用时由于材料力学性能和截面受力性能的退化对预应力混凝土

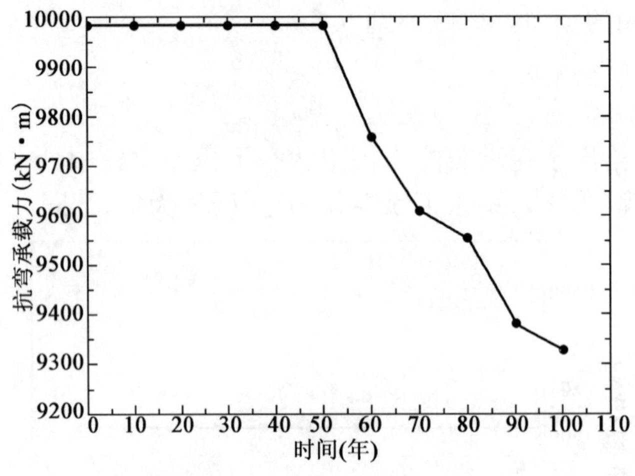

附图 C.0-17　抗弯承载力演变过程

桥梁的截面抗弯承载力的影响较小，不像对钢筋混凝土桥梁那样影响显著。

附图 C.0-18 给出了在承载能力极限状态下模型梁跨中处全截面的包络弯矩和抗弯承载力随时间的演变过程。

可以看出，在给定设计使用寿命期(成桥后 100 年)内跨中截面处的抗弯承载力均大于相应的包络弯矩，结构承载能力极限状态下的力学性能指标能够满足规范的要求。

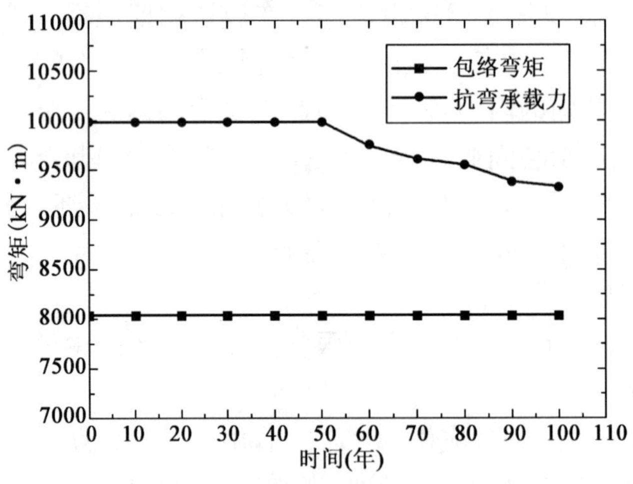

附图 C.0-18　包络弯矩和抗弯承载力演变过程

4)分析与讨论

由以上的分析结果表明，从成桥时刻到成桥 10 年内，由于混凝土徐变收缩作用整体结构的内力重分布现象显著。而在成桥 10 年到成桥 50 年间，由于混凝土徐变收缩作用影响已经很小以及混凝土截面还未开始削弱，整体结构的各项力学性能指标基本保持不变。在成桥 50 年到成桥 100 年间，由于混凝土截面开始削弱，整体结构又表现出比较明显的内力重分布现象。

同时可以看出，结构承载能力极限状态下的各项力学指标在设计使用寿命期内均能满足设计规范的要求，而正常使用极限状态下的部分力学指标在设计使用寿命期内已无法满足设计规范的要求。

2　修正后的性能演变规律

由前文的性能演变分析结果可以看出，由于环境作用的影响，给定设计使用寿命期内桥梁结构在正常使用极限状态下的部分力学性能指标已无法满足设计规范的要求，因此需根据本桥的耐久性极限状态对桥梁结构进行耐久性设计，对常规设计参数进行修正，使结构在给定设计使用寿命期内正常使用极限状态、承载能力极限状态和耐久性极限状态均能满足相应的设计规范要求。

初步设计中跨中截面边缘 14 的混凝土保护层厚度 $C=42$mm，根据试算将混凝土保护层厚度增加到 60mm。经过程序重新分析得到模型梁某截面耐久性退化关键时刻如附图 C. 0-19 所示。

由附图 C. 0-19 可以看到，跨中截面的边缘 14 的钢筋开始锈蚀时刻以及边缘 1～13 的混凝土保护层开始削弱时刻 t_2 均大于给定设计使用寿命 100 年，模型梁满足相应的耐久性极限状态。

附图 C. 0-20 分别给出了保护层经过修正后的模型梁在正常使用极限状态短期组合以及长期组合下跨中截面下缘混凝土正应力随时间的演变过程。

可以看出，经过修正后跨中截面下缘的混凝土正应力在短期组合和长期组合下均能满足设计规范的要求。

附 C. 0. 5　结论

本算例以一座典型的预应力混凝土 T 梁桥为研究对象，针对我国北方地区低温、除冰盐等引起的桥梁混凝土结构耐久性问题展开研究。与传统的耐久性设计相比，本指南推荐的耐久性设计过程体现了以下特点：

(1)通过对桥址环境的调研，确定了引起混凝土结构性能劣化的环境作用，即碳化、氯盐侵蚀、冻融破坏，根据指南建立了对应的耐久性极限状态表达式，通过结构构造分析及数值模拟确定耐久性劣化的典型验算部位。

(2)对三种环境作用的耐久性极限状态的具体验算结果表明，在氯离子侵蚀作用下，根据传统耐久性方法确定的混凝土保护层已不能够满足环境作用耐久性极限状态的实际要求，即桥梁结构在给定设计使用寿命期内无法满足安全、耐久的性能要求。

(3)基于耐久性极限状态的验算结果，取最不利情况对原有耐久性设计方案进行修正。本算例的具体方法为：将 T 梁截面顶部上边缘的保护层厚度由原来的 42mm 增加到 60mm，其余设计参数保持不变。修正后的 T 梁截面各边缘的普通

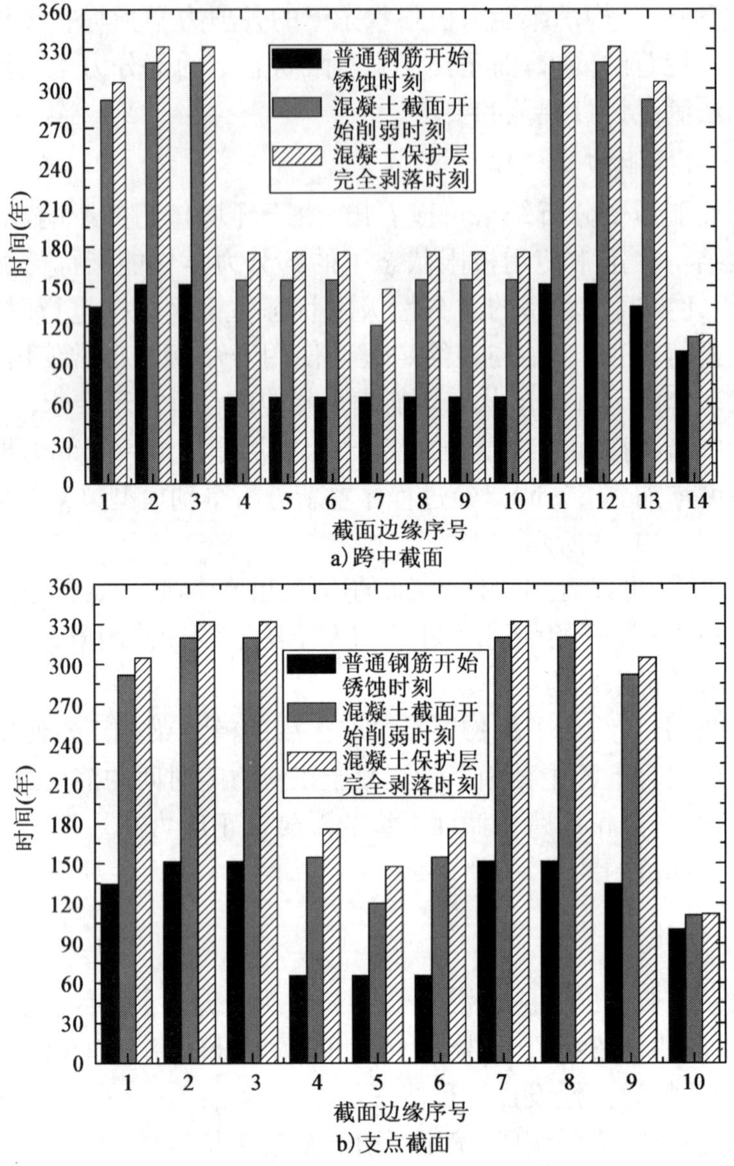

a)跨中截面

b)支点截面

附图 C.0-19 截面各边缘退化关键时刻

钢筋开始锈蚀时刻均大于给定设计使用寿命 100 年,能够满足碳化作用、氯离子侵蚀作用的耐久性极限状态。

(4)对大气环境中混凝土碳化和除冰盐环境氯离子侵蚀耦合作用时桥梁结构进行性能演变分析发现:在给定设计使用寿命期内,结构正常使用极限状态下的部分力学性能指标在成桥若干年后已无法满足设计规范的要求。基于本指南的耐久性验算结果修正后,T 梁各截面在正常使用极限状态下和承载能力极限状态下的混凝土正应力均能满足设计规范的要求。

综上,本指南提出的基于性能的桥梁混凝土结构耐久性设计过程将传统的耐

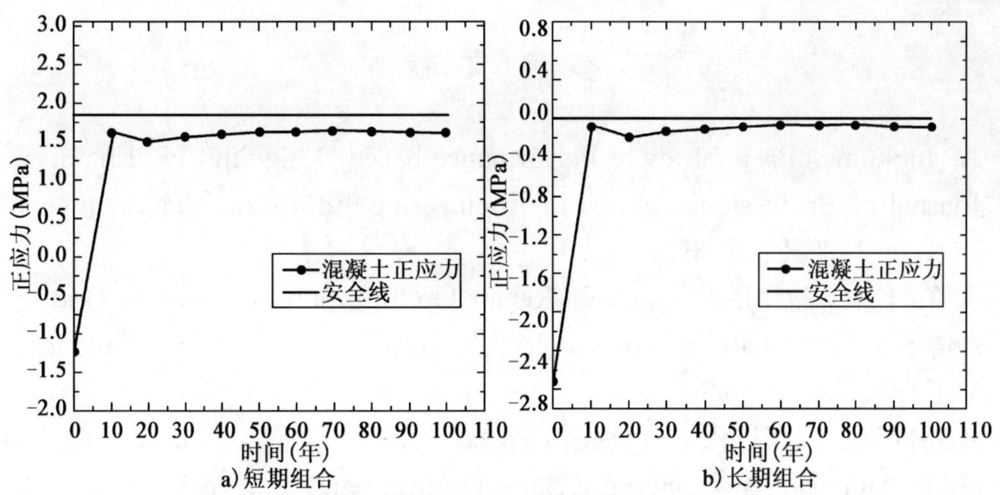

附图 C.0-20　跨中截面下缘混凝土正应力随时间的演变规律

久性设计参数选择变为初步设计—验算—修正—再设计的主动设计过程,同时考虑了结构在服役过程中的管养、维护环节,使得耐久性设计贯穿于结构的整个设计使用寿命期,体现了耐久性设计在结构设计过程中的重要性。

参 考 文 献

[1] A. Inokuma. Basic Study of Performance-based Design in Civil Engineer[J]. Journal of Professional Issues in Engineering Education and Practice, Vol. 128, No. 1, 2002: 30-35.

[2] A. C. Estes, D. M. Frangopol. Repair Optimization of Highway Bridges Using System Reliability Approach[J]. Journal of Structural Engineering. Vol. 125, No. 7, 1999: 766-775.

[3] AASHTO. LRFD Bridge Design Specifications[S]. Washington, DC: 1st Edition American Association of State Highway and Transportation, 1994.

[4] AASHTO. LRFD Bridge Construction Specifications[S]. Washington, DC: 1st Edition American Association of State Highway and Transportation, 1994.

[5] AASHTO. Manual for condition evaluation of bridges[S]. (2nd edn.). American Association of State Highway and Transportation Officials, Washington D. C., 1994.

[6] AASHTO. Standard Specifications for Highway Bridges[S]. (16th edn.). American Association of State Highway and Transportation Officials, Washington D. C., 1996.

[7] ACI 318-08. Buildings code requirements for structural concrete and commentary[S]. American Concrete Institute, 2007.

[8] BS 8110-1:1997. Structural use of concrete-Part1:Code of practice for design and construction[S]. October 2002.

[9] BS 7543　Guide to durability of buildings and building elements, products and components. British Standard Institute, 1993.

[10] Bulletin No. 55. Model Code 2010-First complete draft[S]. Germany: DCC Document Competence Center Siegmar Kastl e. K., 2010.

[11] 中国土木工程学会标准. CCES 01-2004　混凝土结构耐久性设计与施工指南[S]. 北京:中国建筑工业出版社,2004.

[12] 中国工程建设标准化协会标准. CECS 220:2007　混凝土结构耐久性评定标准[S]. 北京:中国建筑工业出版社,2007.

[13] CEB　Durable Concrete Structures Design Guide[S]. Switzerland: Thomas Telford, 1992.

[14] D. M. Frangopol, E. S. Gharaibeh. Reliability-based Evaluation of Rehabili-

tation Rates of Bridge Groups[J]. Proceeding of the IABSE Symposium: Safety, Risk, Reliability-Trends in Engineering, Malta, 2001.

[15] 黑龙江省地方标准. DB 23/T087-2002 桥梁结构高耐久性混凝土设计和施工规程[S]. 北京:人民交通出版社,2002.

[16] DuraCrete: General Guidelines for Durability Design and Redesign. The European Union-Brite EuRam III, Project No. BE95-1347, "Probabilistic Performance-based Durability Design of Concrete Structures", Report No. T7-01-1, 1999.

[17] DuraCrete: Modeling of Degradation. The European Union-Brite EuRam III, Project No. BE95-1347, "Probabilistic Performance-based Durability Design of Concrete Structures", Report No. 4-5, 1998.

[18] 中华人民共和国国家标准. GB 50068—2001 建筑结构可靠度设计统一标准[S]. 北京:中国建筑工业出版社,2001.

[19] G. Giuliano. NCHRP Report 483-Bridge Life Cycle Cost Analysis (BLCCA), Transportation Research Board(TRB), U. S. A, 2002.

[20] G. P. Li, F. J. Hu, Y. X. Wu. Chloride Ion Penetration in Stressed Concrete[J]. Journal of Materials in Civil Engineering, Vol. 23, Issue. 8, 2011: 1146-4453.

[21] 中华人民共和国国家标准. GB 50010—2002 混凝土结构设计规范[S]. 北京:中国建筑工业出版社,2002.

[22] 中华人民共和国国家标准. GB 50046—2008 工业建筑防腐蚀设计规范[S]. 北京:中国计划出版社,2008.

[23] 中华人民共和国国家标准. GB 50476—2008 混凝土结构耐久性设计规范[S]. 北京:中国建筑工业出版社,2008.

[24] H. T. Cao, V. Sirivivation. Corrosion of Steel in Concrete with and without Silica Fume[J]. Cement and Concrete Research, Vol. 21, Issue. 2-3, 1991: 316-324.

[25] J. Christoffersen, L. Hauge. Use of Non-corrodible Reinforcement in Concrete Bridges[C]//Current and Future Trends in Bridge Design, Construction And Maintenance-Safety, Economy, Sustainability And Aesthetics. Proceedings Of The International Conference Organised By Institution Of Civil Engineers. Singapore, 4-5 October, 1999.

[26] J. N. Enevoldson, C. M. Hannson. The Influence of Internal Relative Humidity on the Rates of Corrosion of Steel Embedded in Concrete and Mortar

[J]. Vol. 24, Issue. 7, 1994: 1373-1382.

[27] J. S. Kong, D. M. Frangopol. Whole Life Costing of Optimum Maintenance Strategies for Bridge Groups[C]//IABSE Symposium: Towards a Better Built Environment-Innovation , Sustainability, Information Technology. Melbourne, 2003.

[28] JSCE Guidelines for Concrete No. 10. Standard Specification for Concrete Structures-Verification of Durability [S]. JSCE 2010 Concrete Committee, 2010.

[29] J. T. Houghton, Y. H. Ding, D. J. Griggs, et al. Climate change 2001: The scientific basis[M]. Cambridge City: Cambridge University Press, 2001.

[30] 中华人民共和国国家标准. JTG D62—2004 公路钢筋混凝土及预应力混凝土桥涵设计规范[S]. 北京:人民交通出版社, 2004.

[31] L. J. Parrott, et al. A Study of Carbonation-induced Corrosion[J]. Magazine of Concrete Research, Vol. 46, Issue. 166, 1994: 23-28.

[32] M. Funahashi. Predicting Corrosion-free Service Life of a Concrete Structura in a Chloride environment[J]. ACI Materials Journal, Vol. 87, Issue. 6, 1990: 581-587.

[33] M. Thomas. Chloride Thresholds in Marine Concrete[J]. Cement and Concrete Research, Vol. 26, Issue. 4, 1996: 513-519.

[34] M. B. Anoop, K. B. Rao. Application of fuzzy sets for estimating service life of reinforced concrete structural members in corrosive environment[J]. Engineering Structures, Vol. 24, No. 9, 2002: 1229-1242.

[35] M. G. Stewart. Time-dependent Reliability of Existing RC Structures[J]. Journal of Structural Engineering, Vol. 123, No. 7, 1997: 896-902.

[36] M. H. Faber, S. Rostam. Durability and Service Life of Concrete Structures-The Owners' Perspective[C]//Proceeding of the IABSE Symposium: Safety, Risk, Reliability-Trends in Engineering. Malta, 2001.

[37] M. N. Haque, H. Al-Khaiat, B. John. Climatic zones—A prelude to designing durable concrete structures in the Arabian Gulf[J]. Building and Environment, Vol. 42, No. 6, 2007: 2410-2416.

[38] M. P. Enright, D. M. Frangopol. Failure Time Prediction of Deteriorating Fail-safe Structures[J]. Journal of Structure Engineering , Vol. 124, Issue. 12, 1998: 1448-1456.

[39] M. P. Enright, D. M. Frangopol. Service Life Prediction of Deteriorating

Concrete Bridge[J]. Journal of Structure Engineering, Vol. 124, No. 3, 1998: 309-317.

[40] M. P. Enright, D. M. Frangopol. Survey and Evaluation of Damaged Concrete Bridges[J]. Journal of Bridge Engineering, Vol. 5, Issue. 1, 2000: 31-38.

[41] M. S. Cheung, B. R. Kyle. Service Life Prediction of Concrete Structures by Reliability Analysis[J]. Construction and Building Materials, Vol. 10, No. 1, 1996: 45-55.

[42] N. S. Berke, M. C. Hicks. Predicting long-term durability of steel reinforced concrete with calcium nitrite corrosion inhibitor[J]. Cement and Concrete Composites, Vol. 26, Issue. 3, 2004: 191-198.

[43] O. Ditlevsen. Decision modeling and acceptance criteria[J]. Structural Safety, Vol. 25, Issue. 2, 2003: 165-191.

[44] P. K. Mehta. Durability: Critical Issues for the Future[J]. Concrete International, Vol. 19, Issue. 7, 1997: 27-33.

[45] Papadakis, et al. Fundamental Modeling and Experimental Investigation of Concrete Carbonation[J]. ACI Material Journal, Vol. 88, Issue. 4, 1991: 363-373.

[46] R. Rackwitz. Optimization of the basis of code-making and reliability verification[J]. Structural Safety, Vol. 22, Issue. 1, 2000: 27-60.

[47] R. E. Melchers, M. G. Stewart. Risk-based Predictions of Service Life Performance[C]//IABSE Symposium: Towards a Better Built Environment-Innovation ,Sustainability, Information Technology. Melbourne, 2003.

[48] R. E. Weyers. Service Life Model for Concrete Structures in Chloride Laden Environments [J]. ACI Materials Journal, Vol. 95, Issue. 4, 1998: 445-453.

[49] S. Chatterji. On the Applicability of Fick's Second Law to Chloride Ion Migration Through Portland[J]. Cement and Concrete Research, Vol. 25, No. 2, 1995: 299-303.

[50] S. Rasheeduzzafar. Effect of Cement Composition on Chloride Binding and Corrosion of Reinforcing Steel in Concrete[J]. Cement and Concrete Research, Vol. 21, Issue. 5, 1991: 777-794.

[51] S. Rostam, P. Schiessl. Service Life Design in Practice-Today and Tomorrow[C]//Proceedings of the International Conference "Concrete Across

Boarders". Odense Denmark, 1994.

[52] S. L. Amey, et al. Predicting the Service Life of Concrete Marine Structures: An Environmental Methodology[J]. ACI Structural Journal, Vol. 95, Issue. 2, 1998: 205-214.

[53] 中华人民共和国行业标准. TB 10005—2010 铁路混凝土结构耐久性设计规范[S]. 北京:中国铁道出版社, 2011.

[54] T. Ibell. Assessment, Strengthening and Future Design of our Concrete Bridges[C]//IABSE Symposium: Towards a Better Built Environment-Innovation ,Sustainability, Information Technology, Melbourne. 2003.

[55] T. Siemes, S. Rostam. Durable safety and serviceability-a performance based design format[C]//IABSE report 74: Proceedings IABSE colloquium 'Basis of design and Actions on Structures-Background and Application of Eurocode 1'. Delft, 1996.

[56] V. Sarveswaran, M. B. Roberts. Reliability Analysis of Deteriorating Structures - The Experience and Needs of Practicing Engineers[J]. Journal of Structural Safety, Vol. 21, No. 4, 1999: 357-372.

[57] Y. Liu, F. Moses. Bridge design with reserve and residual reliability constraints[J]. Structural Safety, Vol. 11, Issue. 1, 1991: 29-42.

[58] Y. Mori, B. R. Ellingwood. Maintaining Reliability of Concrete Structures. I: Role of Inspection/Repair[J]. Journal of Structure Engineering, Vol. 120, Issue. 3, 1994: 824-844.

[59] Y. Mori, B. R. Ellingwood. Reliability-based Service Life Assessment of Aging Concrete Structures[J]. Journal of Structure Engineering, Vol. 119, Issue. 5, 1993: 1600-1621.

[60] 陈艾荣,潘子超,阮欣. 考虑生命周期的钢筋混凝土简支梁桥耐久性设计过程[J]. 公路, 2008(08).

[61] 陈艾荣,王玉倩,吴海军,等. 桥梁结构构件设计使用寿命的确定[J]. 同济大学学报, 2010(3).

[62] 陈艾荣,吴海军. 关注桥梁设计中的安全性和耐久性[J]. 中国公路, 2002(23): 67-69.

[63] 陈艾荣,吴怀义,张宝胜. 混凝土桥梁耐久性设计方法和设计参数研究专题二:我国环境区划、环境作用和桥梁结构耐久性病害调查[R]. 项目编号: 200631822302-01.

[64] 陈艾荣,吴怀义,张宝胜. 混凝土桥梁耐久性设计方法和设计参数研究专题

六:混凝土桥梁结构耐久性分析系统[R]. 项目编号:200631822302-01.

[65] 陈艾荣,吴怀义,张宝胜. 混凝土桥梁耐久性设计方法和设计参数研究专题三:高耐久性混凝土材料组分和配合比优化设计[R]. 项目编号:200631822302-01.

[66] 陈艾荣,吴怀义,张宝胜. 混凝土桥梁耐久性设计方法和设计参数研究专题四:混凝土桥梁构件耐久性基础研究[R]. 项目编号:200631822302-01.

[67] 陈艾荣,吴怀义,张宝胜. 混凝土桥梁耐久性设计方法和设计参数研究专题五:混凝土桥梁耐久性设计理论、方法及设计参数研究[R]. 项目编号:200631822302-01.

[68] 陈艾荣,吴怀义,张宝胜. 混凝土桥梁耐久性设计方法和设计参数研究专题一:国内外混凝土桥梁耐久性设计技术综述[R]. 项目编号:200631822302-01.

[69] 陈艾荣. 基于给定结构寿命的桥梁设计过程[M]. 北京:人民交通出版社,2009.

[70] 陈肇元. 土木结构工程的安全性与耐久性[M]. 北京:中国建筑工业出版社,2003.

[71] 邸小坛,周燕. 混凝土结构的耐久性设计方法[J]. 建筑科学,1997(1):16-20.

[72] 范立础. 桥梁工程安全性与耐久性——展望设计理念进展[J]. 上海公路,2004(1):1-7.

[73] 龚洛书,柳春圃. 混凝土的耐久性及其防护修补[M]. 北京:中国建筑工业出版社,1990.

[74] 国家统计局2002年全国公路普查公报.

[75] 韩庆之,毛绪美,梁合诚. 环境监测[M] 北京:中国地质大学出版社,2005.

[76] 何真,胡曙光,梁文泉,等. 水工混凝土磨蚀磨损的研究[J]. 硅酸盐学报,2000(12):78-81.

[77] 洪定海. 混凝土中钢筋的腐蚀与保护[M]. 北京:中国铁道出版社,1998.

[78] 洪乃丰. 混凝土中钢筋腐蚀与结构物的耐久性[J]. 公路,2001(2):66-69.

[79] 姜海西,肖汝诚. 沿海及跨海桥梁下部结构防腐与加固[J]. 结构工程师,2008 (4):134-140.

[80] 金伟良,赵羽习. 混凝土结构耐久性[M]. 北京:科学出版社,2003.

[81] 金伟良,赵羽习. 混凝土结构耐久性研究的回顾与展望[J]. 浙江大学学报(工学版),2002(4):371-380.

[82] 李田,刘西拉. 混凝土结构耐久性设计方法的研究[J]. 建筑结构学报,1998(4):40-45.

[83] 李田,刘西拉.混凝土耐久性分析与设计[M].北京:科学出版社,1999.

[84] 李田,刘西拉.混凝土结构的耐久性设计[J].土木工程学报,1994(2):47-55.

[85] 刘西拉.我国结构工程学科应优先发展的领域[J].土木工程学报,2001(6):1-7.

[86] 牛荻涛.海洋环境下混凝土强度的经时变化模型[J].西安建筑科技大学学报,1995(1):49-52.

[87] 牛荻涛.混凝土结构耐久性与寿命预测[M].北京:科学出版社,2003.

[88] 潘子超,陈艾荣.氯离子在非饱和混凝土构件中传输过程的数值模拟[J].同济大学学报,2011(03):314-326.

[89] 秦川.气象台管理百科全书[DB].北京:北京北大方正电子有限公司,2005.

[90] 屈文俊,张誉.混凝土桥梁的耐久性维护方法[J].铁道学报,2001(1):98-103.

[91] 屈文俊,张誉.混凝土桥梁结构的耐久性优化设计[J].中国公路学报,1999(1):62-70.

[92] 阮欣,陈艾荣,石雪飞.桥梁工程风险评估[M].北京:人民交通出版社,2008.

[93] 覃维祖.混凝土性能对结构耐久性与安全性的影响[J].混凝土,2002(6):3-6.

[94] 田浩,陈艾荣.基于响应面法的混凝土桥梁时变可靠度分析[J].同济大学学报,2011(2):166-171.

[95] 田浩,李国平,陈艾荣.大气环境混凝土桥梁耐久性参数敏感性分析[J].桥梁建设,2009(4):24-27.

[96] 田浩,李国平,刘杰,等.受力状态下混凝土试件碳化试验研究[J].同济大学学报(自然科学版),2010(02).

[97] 王庚辰,温玉璞,孔琴心,等.中国大陆上空 CO_2 的本底浓度及其变化[J].科学通报,2002(5):780-783.

[98] 王艳.混凝土结构耐久性环境区划研究[D].西安:西安建筑科技大学,2007.

[99] 王玉倩,阮欣,陈艾荣.全寿命成本分析法在侧风影响下桥梁行车安全决策中的应用[J].公路交通科技.

[100] 王智,黄煜镔.当前国外混凝土耐久性问题及其预防措施综述[J].混凝土,2000(1):52-57.

[101] 文成林.多尺度动态建模及其应用[M].北京:科学出版社,2008.

[102] 巫铭礼.自然界中的盐雾[J],环境技术,1993(4):2-8.

[103] 吴海军,陈艾荣,陆萍.桥梁结构的典型病害及原因分析[J].重庆交通学院学报,2004 (6): 19-23.

[104] 吴海军,陈艾荣.桥梁耐久性设计方法研究[J].中国公路学报,2004(3): 57-67.

[105] 肖从真.混凝土中钢筋腐蚀的机理研究及数论模拟方法[D].北京:清华大学,1995.

[106] 徐国葆.我国沿海大气中盐雾含量与分布[J].环境技术,1994(3): 1-7.

[107] 尤卫红.气候变化的多尺度诊断分析和预测的多种技术方法研究[M].北京:气象出版社,1998.

[108] 张广山,赵华,蒙云.影响钢筋混凝土桥梁使用寿命的因素之一——混凝土的碳化机理及其影响因素分析[J].重庆交通学院学报,2004(3): 5-9.

[109] 张洪亮,倪绍祥,邓自旺,等.基于DEM的山区气温空间模拟方法[J].山地学报,2002 (3): 360-364.

[110] 张伟平.混凝土结构的钢筋锈蚀损伤预测及其耐久性评估[D].上海:同济大学,1999.

[111] 张宇贻,秦权.钢筋混凝土桥梁构件的时变可靠度分析[J].清华大学学报(自然科学版),2001(12): 65-67.

[112] 张誉,蒋利学,张伟平,屈文俊.混凝土结构耐久性概论[M].上海:上海科学技术出版社,2003.

[113] 张誉,蒋利学.基于碳化机理的混凝土碳化深度实用数学模型[J].工业建筑,1998(1): 16-19.

[114] 周凌稀,周秀骥,张晓春,等.瓦里关温室气体本底研究的主要进展[J].气象学报,2007(3): 458-468.

[115] 朱安民.混凝土碳化与钢筋混凝土耐久性[J].混凝土,1992(6): 18-22.